영어 스피킹
기적의 7법칙

영어 스피킹 기적의 7법칙

초판 1쇄	발행일	2012년	6월	10일
개정판 1쇄	발행일	2025년	1월	2일
개정판 2쇄	발행일	2025년	1월	10일

지은이 윌리엄 A. 반스 (William A. Vance)
총괄기획·감역 허유진
펴낸이 유성권

편집장 윤경선
책임편집 조아윤   편집 김효선   홍보 윤소담 박채원
마케팅 김선우 강성 최성환 박혜민 김현지   디자인 박정실
제작 장재균   물류 김성훈 강동훈

펴낸곳 ㈜이퍼블릭
출판등록 1970년 7월 28일, 제1-170호
주소 서울시 양천구 목동서로 211 범문빌딩 (07995)
대표전화 02-2653-5131   팩스 02-2653-2455
메일 loginbook@epublic.co.kr
포스트 post.naver.com/epubliclogin
홈페이지 www.loginbook.com
인스타그램 @book_login

로그인 은 (주)이퍼블릭의 어학·자녀교육·실용 브랜드입니다.

윌리엄 A. 반스 지음

THE
SEVEN
MIRACLE
LAWS OF
ENGLISH
SPEAKING

성공적인 리더를 만드는 대화의 기술

영어 스피킹
기적의 7법칙

로그인

"진짜 영어 실력은 말하기 실력이다!"

'한국어식 사고방식 때문에 영어를 자연스럽게 말하지 못한다'는 이야기를 들어 본 적이 있으실 겁니다. 한국어로 말할 때는 생각하는 대로 말이 나오지만, 영어로 말할 때는 한국어의 단어, 문법, 발음을 짜맞춘 다음에 영어로 바꾸기 때문에 시간이 걸립니다. 또 영어로 바꿔 말하는 동안 한국어의 다양한 요소가 무의식적으로 개입되어 표현이 어색해지기 십상입니다. 그렇다면 영어로 생각할 수 있으면 회화가 훨씬 유창해지지 않을까요?

하지만 영어로 생각한다는 게 절대 쉬운 일은 아닙니다. 그동안 여러 교재에서 '영어의 바다에 빠져라', '영어 뇌를 단련시켜라', '귀가 뚫릴 때까지 들어라' 등 당장에라도 말문이 트일 것 같은 방법을 제시하며 끊임없이 영어 학습자를 유혹해 왔습니다. 하지만 이들 대부분이 성인의 영어 말하기 실력을 효과적으로 향상시켰다는 과학적으로 증명된 자료를 제시하지는 못하고 있습니다. 왜냐하면 청취나 독해 같은 수동적 학습만으로는 영어 말하기 실력이 좋아지기를 그다지 기대할 수 없기 때문입니다. 언어학에서 성인의 영어 말하기 실력이란 머릿속의 생각을 소리 내어 말하는 능동적인 학습을 통해 자신이 쌓아온 잠재적인 영어 지식을 활성화해 나감으로써 비로소 능률적으로 향상된다는 것이 이미 상식처럼 알려져 있습니다.

저는 성인의 언어 실력 향상에 주력해 온 언어학자로서, '영어로 생각하는 회화'를 실현하고 응용할 수 있는 영어 학습법을 연구 개발해 왔습니다. 그리고 그 방법으로 세계 75개국, 수천 명의 성인들을 대상으로 수업해 본 결과, 영어로 하는 의사소통의 효과를 높일 수 있었습니다. 여기서 말하는 '영어로 생각하기'란 간단히 말하면 '원어민처럼 생각한다'는 뜻입니다. 원어민은 누구나 영어 특유의 언어적 특성을 인식하는 시스템을 가지고 있어, 평소 의식하지는 않지만 이 시스템을 토대로 다른 사람의 말을 듣고 이해합니다. 그리고 의사소통을 잘하는 사람일수록 습관적으로 언어 인식 시스템의 특성에 적합하게 문장을 만들어 듣는 이의 이해를 돕고 있습니다. 다시 말해 말을 잘하는 원어민이 머릿속으로 생각하는 과정, 즉 사고방식을 도입하면 보다 유창하고, 상대방이 이해하기 쉬운 회화를 할 수 있게 됩니다. 물론 인간의 사고 과정은 복잡해서 완벽히 재현할 수는 없지만, 사고하는 법을 분석해서 영어 말하기 실력을 기르는 데 효과적인 방법을 선택할 수 있습니다.

이 책은 특히 한국인들이 영어 회화를 배울 때 영어로 생각하는 가장 효과적인 7가지 방법을 소개하고, 그 방법을 응용하여 어떻게 영어 말하기 실력을 향상시켜 나갈지에 대해 설명하고 있습니다. 이 방법이 획기적인 이유는 영어 학습의 밑거름이 되는 생각하는 법을 바꿀 수 있기 때문입니다. 또 배우는 사람의 영어 수준과 상관없이 현재 알고 있는 어휘, 문법을 효과적으로 활용해 회화 실력을 늘릴 수 있습니다. 대화 패턴을 달달 외우게 할 뿐 배운 표현을 제대로 써먹을 수 없는 여타 교재와는 달리 스스로 문장을 만들어 영어로 의사소통하고 싶을 때, 문맥과 상황에 관계없이 언제든지 쓸 수 있는, 유연하고도 확실한 그리고 영구적인 능력을 갖추게 됩니다. 이미 익숙해진 한국어식으로 생각하는 법을 바꾸기란 처음에는 무척 어렵게 느껴질 수도 있습니다. 이런 문제는 외국어를 익힐 때 늘 따라다니지만, 연습을 통해 이 어려움을 극복하고 영어로 생각하는 법을 익혔을 때 회화뿐 아니라 영어 실력이 전반적으로 놀랄 만큼 성장할 것입니다.

지금 당장 책장을 넘기며 한국어로 생각하는 사고 시스템에서 영어로 생각하는 영어식 사고 시스템으로 사고법 기어를 전환해 봅시다.

예일대에서
윌리엄 A. 반스

"더 좋은 영어 **의사소통**이 더 나은 **의사결정**을 만든다."

이 책의 초판이 출간된 이후 글로벌리즘은 그 세력을 더 확장했습니다. 새로운 가상 업무 환경 덕분에 지리적 한계를 넘어 사람들 간의 교류는 더 쉬워졌고, 그 결과 보다 많은 한국인이 국제 기구에 자리를 잡았습니다. 지금은 전 세계 대학들이 뛰어난 실력과 경쟁력 있는 아이디어를 가진 한국 출신 학생들을 환영하고 있습니다.

저는 최근 예일대학교의 한 입학사정관과 대화하다 새로 입학하는 유학생에 관해 가장 걱정하는 점이 무엇인지 물어본 적이 있습니다. 그가 답한 가장 우려하는 부분은 학생들이 강의 중 진행되는 토론에 참여하길 주저한다는 것이었습니다. 그리고 동아시아를 비롯한 여러 지사에서 온 다양한 인재로 사내 프로젝트팀을 구성하는 매켄지앤드컴퍼니에서도 같은 고민을 안고 있다고 전해주었습니다.

학생들이 토론에 참여하는 것을 주저하는 원인에는 성격 유형, 문화적 차이, 경청 능력, 콘텐츠에 대한 친숙도 등 여러 가지가 있을 수 있습니다. 하지만 어떤 종류의 토론이나 대화이건 관계없이 참여하는 모든 사람에게 적용되는 한 가지 사실이 있습니다. 바로 언어와 사고 방식에 있어 좋은 습관을 체득하고 이를 통해 자기 생각을 표현하는 방법을 알게 되면 더 자주, 그리고 더 의미 있는 방식으로 대화나 토론에 참여할 수 있다는 점입니다. 얼마나 자신의 의견을 설득력 있는 문장으로 표현할 수 있느냐에 따라 상황을 이해하고 정보를 습득하는 정도에 차이가 있을 수밖에 없습니다.

『영어 스피킹 기적의 7 법칙』은 더 세련되고 정돈된 영어 회화와 그 바탕이 되는 사고 방식을 열어주는 관문입니다. 책이 설명하는 7가지 단계를 잘 연습하면 독자들은 지금까지와는 다른 방식으로 영어 문장을 만들 수 있습니다. 예를 들어 억양에 관한 4장에서는 모든 문장에 반드시 높은 톤으로 말하게 되는 단어가 있다는 사실을 배웁니다. 이를 통해 여러분은 자신이 말하는 문장을 듣는 사람의 입장에서 생각하고 각 문장에서 무엇이 중요한지 알 수 있게 됩니다. 6장에서는 원어민이 자신의 아이디어를 설명할 때 사용하는 것과 같은 방식으로 대화를 구성하는 기술을 배웁니다. 이 기술을 활용하면 말하는 사람도 듣는 사람도 이해하기 쉽고 편리한 문장을 논리적으로 구사할 수 있습니다.

이 책 대부분의 내용은 사실 영어를 모국어로 사용하는 원어민에게도 유용합니다. 물론 그만큼 여러분에게도 큰 도움이 될 것입니다. 각 장에서 설명하는 기술을 모두 익혀 실생활에 활용할 수 있다면 어쩌면 대다수의 원어민보다도 더 나은 수준의 의사소통을 할 수 있을지도 모릅니다. 원활한 의사소통은 더 풍부한 지식의 공유를 의미합니다. 더 풍부한 지식의 공유는 곧 무지에서 벗어남을 의미하며 결론적으로 모두가 더 나은 의사결정을 내리도록 이끕니다. 그렇다면 여러분은 자연스럽게 시카고 대학교의 신조로 알려진 아래의 목표를 달성하시게 될 겁니다.

"지식이 자라나 삶이 풍요로워지도록 하라."

이 책의 통해 여러분의 삶도 풍요로워지시기를 바랍니다.

예일대에서
윌리엄 A. 반스

반스 박사가 아시아계 제자들에게 전수하는
7가지 영어 스피킹 향상 비법

이 책에서 소개하고 있는 '영어식 사고를 훈련하는 7단계 영어 학습법'은 토플 점수는 높지만 스피킹 실력이 부족한 유학생들의 영어 실력을 미국 최고의 명문인 예일대생의 자부심에 어울릴만한 영어 회화 수준으로 단기간에 끌어올려 준 프로그램입니다. 이 수업이 오랜 기간 예일대의 최고 수업 중 하나로 손꼽히며 학생들의 사랑을 받아온 이유는 실제로 쓰고 말하는 거의 모든 문장에서 반스 박사에게 배운 기술을 활용하게 되기 때문입니다. 영어 말하기에 취약한 수천 명의 아시아계 유학생들을 전 세계가 원하는 유창한 '커뮤니케이션 전문가'들로 키워 낸 반스 박사의 20년 노하우를 이제 한 권의 책으로 만나 보세요.

✦ 미국 최고 명문, 예일대의 학습법을 훔쳐라!

예일대 경영대학원에서 세계 75개국 사람들의 영어 커뮤니케이션 실력을 획기적으로 키워준 반스 박사의 강의를 최초로 출판했습니다. 예일대 경영대학원은 이 수업을 통해 영어 말하기에 자신이 없던 유학생들도 큰 무리 없이 훌륭하게 학과과정을 수행하고 유학 생활에 잘 적응할 수 있도록 도움을 줍니다. 반스 박사의 수업에는 다른 강의에는 없는 무언가가 있습니다. 차별성을 둔 강의를 통해 원어민의 영어 말하기 방식을 배우고 실제 업무에 활용할 수 있는 실용적인 화법을 배워 봅시다.

✦ 한국식 영어의 약점! 이것만 극복하면 당신도 '오바마'처럼 말할 수 있다!

한국인 유학생들은 토플 점수도 높고, 상대적으로 어려운 어휘도 많이 알고 있습니다. 하지만 어렸을 때부터 독해 위주의 영어 공부를 해 온 결과, 다른 영어 부분에 비해 영어 스피킹에 취약한 것이 사실입니다. 특히 많은 한국인이 가지고 있는 몇 가지 전형적인 약점이 큰 영향을 끼칩니다. 만약 이 약점을 철저히 파악하고 보완한다면 한국인은 세계 어느 나라 사람보다 능변가가 될 가능성이 높습니다. 반스 박사가 알려 주는 7가지 법칙을 통해 영어 커뮤니케이션 기술을 마스터해 봅시다.

이 책이 꼭 필요한 학습자

- 토익 스피킹, 토플 스피킹 등 영어 시험을 준비 중이다.
- 외국인과 영어로 이야기할 때 당황스럽고 긴장된다.
- 영어 프레젠테이션에서 실패한 경험이 있다.
- 영어 인터뷰를 준비하고 있다.
- 토익, 토플 점수는 높지만 말하기에는 자신이 없다.
- 실제적인 영어 말하기 능력을 향상시키고 싶다.

영어로 생각하는 7가지 사고법

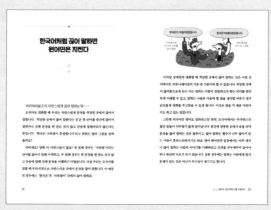

'영어의 정보 패키지', '영어식 사고 템플릿', '연음', '멜로디', '이정표 언어', '메시지 디자인', '스몰 토크' 등, 이 책에 제시된 총 7가지 영어식 사고법을 제대로 마스터하면 누구나 원어민처럼 능숙한 영어 회화를 구사할 수 있게 됩니다.

한국식 영어 탈출법

한국인의 80%가 실수하는 전형적인 오류들을 모아 놓은 코너입니다. 이때의 실수는 한국인들이 영어로 말할 때 거의 무의식적으로 범하는 실수이므로 '나는 이런 실수 안 하는데…'라고 쉽게 판단하지 마시고, 꼭 눈여겨봐 두시기를 바랍니다.

✦ 차례 ✦

제1장 **영어의 '정보 패키지'를 이용하라**

제2장 **영어의 사고 템플릿을 활용하라**

THE
SEVEN
MIRACLE
LAWS OF
ENGLISH
SPEAKING

제 7 장 **성공을 좌우하는 스몰 토크**

서양 사람들의 스몰 토크에는 이유가 있다!   222

제1 공식: Seek 공통의 화제 찾기   228

제2 공식: Expand 대답 확장하기   237

제3 공식: Encourage 대화 끌어내기   243

마무리 어드바이스   256

한국식 영어 탈출법 7   262

Review   270

반스 박사가 자주 받는 질문 Top 7 272

맺음말 278

정답 및 해석 281

영어식 사고를 위한 십계명

★

01 말을 할 땐 글로 쓰인 영어의 이미지를 잊어라.

02 영어 말하기의 최소 단위는 '단어'가 아니라 '의미단위'다.

03 유창하게 말하고 싶으면 연음을 이해하라.

04 영화감독처럼 문장을 만들어라.

05 문법을 지키는 것 보다 올릴 때 확실하게 올리고
   내릴 때 확실하게 내리는 멜로디가 중요하다.

06 특별한 의미 없는 맞장구는 부자연스럽고 지루하다.

07 이정표 언어의 위력은 강력하다.
   이정표 언어로 상대방을 안내하라.

08 전화 통화할 때는 꼭 필요한 3단계를 명심하라!

09 영어 말하기에 유능해지는 기본 공식인
   〈I think X, because Y. For example, Z〉를 익혀라.

10 성공을 부르는 자기소개법을 터득하라.

미국의 역대 대통령 중에서
가장 훌륭한 연설가로 알려진 로널드 레이건은
영어로 정보 패키지Idea Pakage를
만드는 데 달인이었다.

제 1 장

영어의
'정보 패키지'를 이용하라

한국어처럼 끊어 말하면
원어민은 지친다

어린아이들조차 자연스럽게 끊어 말하는데……

모국어로 대화할 때 우리는 자연스럽게 문장을 적당한 곳에서 끊어서 말합니다. '적당한 곳에서 끊어 말한다는 것'은 한 단어를 중간에 끊어서 말하거나 전체 문장을 한 번도 쉬지 않고 단숨에 말해버리지 않는다는 뜻입니다. '한국은 지하철이 혼잡합니다'라고 말하는 옆의 그림을 살펴볼까요?

어떠세요? 양쪽 다 자연스럽지 않죠? 첫 번째 경우는 '지하철'이라는 단어를 끊어서 말해 어색하고, 두 번째 경우는 한 문장을 한 번도 쉬지 않고 단숨에 말해 전체 문장을 이해하기 어렵습니다. 사실 우리는 모국어를 말할 때 무의식적으로 자연스러운 곳에서 문장을 끊어 말합니다. 이 예문

'지하철'이란
한 단어 사이를
끊어 말함

한국은지, 하절이혼잡합니다.

한국은지하철이혼잡합니다.

전체 문장을
쉬지 않고 말함

의 경우에는 '한국은'과 '지하철이' 뒤에서 끊어 말하죠.

이처럼 상대방과 대화할 때 적당한 곳에서 끊어 말하는 것은 어떤 언어에서든 커뮤니케이션의 기본 중 기본이라 할 수 있습니다. 적당한 곳에서 끊어줌으로써 듣는 이는 말하는 사람이 전달하고자 하는 의미를 편안하게 이해할 수 있고, 말하는 사람은 다음에 할 말을 생각할 여유가 생겨 순조롭게 대화를 주고받을 수 있게 됩니다. 이것은 말을 막 배운 어린아이도 하고 있는 일입니다.

그런데 외국어인 영어로 말하려고만 하면, 모국어에서는 부자연스러웠던 일들이 아무렇지 않게 일어납니다. 중간에 엉뚱한 곳에서 숨을 쉬며 문장을 끊어 말하는 것은 물론이고, 끊어 말하는 횟수가 너무 많아서 듣는 사람이 혼란스러워지기도 하죠. 영어 원어민의 입장에서는 아무 데서나 끊어 말하는 사람의 이야기를 이해하려고 신경을 곤두세우며 들어야 하니 완전히 녹초가 되기 쉽습니다. 심한 경우에는 말하는 사람에게 뭔가 문제가 있는 것은 아닌지 의구심이 생기기도 합니다.

물론 외국인인 여러분이 영어를 네이티브 스피커 수준으로 유창하게 말할 필요는 없습니다. 하지만 중요한 사실은 이렇게 잘못된 곳에서 부자연스럽게 끊어 말하는 것이 단순히 영어를 유창하게 말하지 못하기 때문에 일어나는 일이 아니라는 점입니다. 오히려 가장 큰 원인은 원어민이 영어로 말할 때 어떤 식으로 사고하는지 '영어식 사고법'에 관한 지식이 없는 것입니다. 또한 무의식적으로 모국어인 한국어처럼 끊어 말하려는 습관이 영어를 자연스러운 곳에서 끊어 말하는 데 방해가 되기도 합니다.

원어민처럼 끊어 말하기는 절대 어렵지 않다

하지만 안심하십시오. 어색한 콩글리시 스피킹을 해결하고 자연스럽게 영어로 대화하는 일은 의외로 그리 어렵지 않습니다. 그저 네이티브 스피커의 사고법에 주목하고, 그들이 말을 할 때 어떻게 단어들을 그룹 짓고 어떻게 그룹과 그룹 사이를 끊어 말하는지를 이해한 다음 여러분의 스피킹에 응용하면 됩니다.

저는 문장 안에 있는 단어들을 그룹으로 정리하는 것을 '정보 패키지를 만든다'라고 합니다. 각 단어가 자연스럽고 이해하기 쉽게 정리되면 이 정보의 패키지가 서로 연결되어 말하는 이로부터 듣는 이에게 자연스럽게 전달되기 때문입니다. 자, 지금부터 여러분의 영어 스피킹을 한층 매끄럽게 해줄 '정보 패키지'를 만드는 방법과 그 활용법에 대해 배워 보도록 하겠습니다.

영어식 사고의
최소 단위를 인식하라

'의미단위'를 모르면 영어 회화는 시작할 수 없다

영어 문장을 말할 때 어떻게 정보 패키지를 만들고, 어디서 끊어 말할지의 문제는 '원어민의 사고에서 하나의 아이디어가 어떻게 인식되는가'와 깊은 연관이 있습니다. 이때 영어에서 하나의 아이디어로 인식되는 것을 '의미단위Phrase'라고 합니다.

'의미단위'란 말을 들으니 '아, 또 중학교 때 배운 영어를 다시 하는구나. 나는 영어 회화를 하고 싶은 것이지 이제 와서 문법 같은 건 공부하고 싶지 않아' 하며 거부반응부터 보이는 분도 계실 겁니다. 하지만 '의미단위'는 단순히 문법이나 독해를 위한 것이 아닙니다. '의미단위'는 오히려 영어 스피킹의 핵심이라 해도 과언이 아닙니다. 여러분 중 영어의 '의미단위'를 알지 못하는 분이 있다면, 죄송하지만 그분은 아직 영어 회화를 시작도 하지 않은 것이라고 단언할 수 있을 정도입니다.

영어의 '의미단위'란 무엇인가?

- 하나의 의미단위는 각각 하나의 아이디어를 표현하고 있다. 즉, 의미단위는 영어식 사고의 최소 단위이다.
- 의미단위는 모든 문장에 반드시 하나 이상 들어 있으며, 문법 구조상 혹은 의미상 정리된 '단어의 묶음Idea Package'이다.

아마 '의미단위'라는 용어가 낯선 분들도 계실 텐데요, 간단한 예문을 통해 더 구체적으로 '의미단위'에 대해 알아보도록 하겠습니다.

In Korea, the subways are crowded. 한국은 지하철이 혼잡합니다.

자, 이 문장은 몇 개의 의미단위로 이루어져 있을까요? 결론부터 말하자면, 이 문장은 'In Korea'와 'the subways are crowded'라는 두 개의 의미단위로 이루어져 있습니다. 왜 그렇게 이해할 수 있는지 잠깐 생각해봅시다.

예를 들어 위 문장을 In / Korea the subways are / crowded처럼 세 개로 끊는다고 합시다. 그러면 모든 의미단위가 문법적으로나 의미상으로 불완전해집니다. In Korea는 In으로 시작되는 전치사구이기 때문에, 만일 In 바로 뒤에서 끊으면 두 단어는 아무 의미도 갖지 않게 됩니다. 즉,

첫 의미단위를 완성하기 위해서는 꼭 Korea라는 단어가 필요합니다. 또한 Korea와 the subways are는 각각 다른 의미단위를 완성하기 위해 필요한 단어이므로 같은 의미단위에 들어가지 않습니다.

의미단위를 이해할 때 주의할 점은 '의미단위'는 '문장'과는 다른 개념이라는 것입니다. 다만, the subways are crowded처럼 문장이 의미단위가 되기도 합니다.

'영어식 사고의 최소 단위'라는 의미단위의 기본적인 의미를 이해했다면 이번에는 좀 긴 예문을 살펴보도록 하겠습니다.

I found a problem that we need to discuss as soon as possible.
되도록 빨리 논의해야 할 문제를 발견했습니다.

학교나 직장에서 흔히 쓰이는 표현인데요, 위 문장은 몇 개의 의미단위로 이루어져 있을까요? 다음과 같은 세 개의 의미단위로 나눌 수 있습니다.

I found a problem 나는 문제를 발견했습니다
that we need to discuss 우리가 논의해야 할
as soon as possible. 되도록 빨리

문법 구조상으로 첫 번째 의미단위인 'I found a problem'은 '주어+동사+목적어'로 이루어진 주절이고, 두 번째 의미단위는 a problem을 꾸며주는 수식절, 그리고 세 번째 의미단위는 전체 문장을 꾸며주는 부사구로 이루어져 있습니다.

각각 길이는 다르지만 하나의 아이디어가 들어 있고, 문법 구조상 혹은 의미상 정리된 단어의 그룹으로, 각각 하나의 단위를 이루기 때문에 영어식 사고의 최소 단위인 의미단위가 됩니다.

영어식 사고의 '정보 패키지' 만드는 법

그럼, 이제 여러분의 영어 스피킹 발전을 위해 가장 중요한 포인트를 설명하겠습니다. 네이티브 스피커가 앞의 문장을 말할 때는 아래 세 개의 의미단위 사이인 두 곳에서 끊고, 짧게 쉽니다.

I found a problem / that we need to discuss / as soon as possible.

왜냐하면 원어민들은 무의식적으로 의미단위를 사고의 최소 단위로 인식하고, '정보 패키지'를 사용해 그것을 전달해야겠다고 생각하기 때문입니다. 물론 모든 의미단위에서 끊어 말하지 않을 수도 있습니다. 모든 의미단위에서 끊을지 말지는 주어진 대화 상황(듣는 이가 어떤 사람인지, 또 어느 정도 화제에 정통해 있는지, 전달하려는 정보가 얼마나 복잡한 것인지 등)에 맞게 말하는 이가 선택하게 됩니다. 하지만, 끊을 때는 반드시 의미단위 뒤에서 끊어야 합니다. 자, 여러분도 '의미단위'에 신경 써서 위 문장을 한번 읽어 보세요. 어떤가요? 의미단위를 인지하지 않고 읽을 때보다 한결 영어의 리듬이 살아나지 않나요?

영어를 정보 패키지로 만들어 말하는 이 영어식 사고법을 영어 회화에 응용하면 원어민이 말하는 방식과 더 비슷해지기 때문에, 원어민이 듣기에 말투가 훨씬 자연스럽게 느껴집니다. 더욱이 이 방법은 단순히 자연스러운 것을 넘어서, 말하는 이와 듣는 이 모두에게 도움이 됩니다.

아래 그림을 보면, 그 효과를 금방 알 수 있습니다. 말하는 이가 의미 단위로 끊어서 말하게 되면 흩어지기 쉬운 단어들을 간편한 상자에 넣어 '정보 패키지'로 듣는 이에게 하나씩 건네주는 것과 같습니다. 따라서 듣는 사람의 입장에서는 정보 패키지를 하나씩 받아 차례차례 내용을 이해하고 흡수할 수 있기 때문에, 상대방의 이야기를 놀라우리만큼 잘 이해하게 됩니다.

의미단위마다 끊어 말하는 방법을 잘 익히면 듣는 이뿐 아니라 말하는 이에게도 매우 유익합니다. 자기 생각을 훨씬 유창하게 표현할 수 있게 되는 것이죠. 각 의미단위를 끊는 곳에서 다음에 말하려는 내용을 미리 머릿속으로 생각해 필요한 단어를 수집하고 조합할 수 있게 됩니다.

정보 패키지를 만들어 영어를 말하는 방식이 처음에는 부자연스럽고

어색하게 느껴질 수 있습니다. 하지만 익숙해질수록 한국어식 사고가 간섭할 틈이 없어지기 때문에, 글자 그대로 '영어로 생각하면서 말하는' 게 가능해집니다(보다 구체적인 방법은 뒤에서 다루는 '한국식 영어 탈출법 1'을 참조해 주십시오). 다시 한번 강조하지만, '정보 패키지를 확실하게 그리고 정확하게 만드는 것'은 영어로 유창하게 말하는 데 있어 가장 중요한 열쇠가 됩니다.

말 잘하는 원어민일수록 끊어서 말한다

앞서 의미단위 사이를 끊을지 안 끊을지는 말하는 이의 선택이라고 했는데, 놀라운 사실은 '말을 잘하는 사람일수록 자주 끊어서 말한다'라는 것입니다.

로널드 레이건 전 미국 대통령이 대표적인 예입니다. 레이건 대통령의 연설을 들어 보면 의미단위로 끊을 수 있는 곳은 거의 모두 끊어 문장의 길이를 문맥에 따라 솜씨 좋게 조정하고 있습니다. 그래서 그의 연설은 누가 들어도 이해하기 쉽고, 설득력이 있으며, 확고한 자신감이 넘치게 들립니다. 그리고 이런 화법 덕분에 '미국의 역대 대통령 중에서 가장 훌륭한 연설가'라는 극찬을 듣고 있습니다.

👉 정리합시다

☑ 영어식 사고의 최소 단위를 '의미단위'라고 한다.

☑ 모든 문장에는 의미단위가 하나 이상 들어 있으며, 문법 구조상 혹은 내용상 의미를 가진 단어의 묶음이다.

☑ 문장을 의미단위로 끊고, 정보 패키지로 만들어서 상대방에게 전달하면, 듣는 사람도 이해하기 쉽고 말하는 사람의 전달력도 좋아진다.

의미단위를 빠르게
인식하는 방법

전 세계 7천 명이 검증한 영어 스피킹 훈련법

영어로 말할 때 영어식 사고의 최소 단위인 '의미단위'를 활용하는 것이 얼마나 중요한지에 대해서는 이제 충분히 이해하셨으리라 생각합니다. 하지만 이를 실제 회화에서 얼마나 활용할 수 있을지에 대해서는 아직 의구심을 갖고 계실 수 있습니다. 특히 '글로 쓰인 것은 읽고 조금 더 생각해 보면 의미단위를 가려낼 수 있겠지만, 스피킹에서는 생각할 시간이 없기 때문에 의미단위로 끊어 말하는 것은 무리가 아닐까?' 하는 의심이 들 수 있습니다.

하지만 저는 지금까지 전 세계에서 온 7천 명이 넘는 사람들을 가르친 결과, 영어의 정보 패키지를 만드는 새로운 사고법을 받아들이면 약간의 훈련을 통해 누구나 아주 쉽게 의미단위를 인식하여 정확히 끊어 말할 수 있게 된다는 사실을 목격했습니다. 그러니 여러분도 적절한 훈련만 거친다면 누구든 이런 결과를 빠르게 경험할 수 있습니다.

처음에는 '의미단위를 인식한다'는 것이 너무 막연하게 느껴질 수 있습니다. 하지만 의미단위를 인식하는 것을 도와주는 몇 가지 단서들이 있으므로, 이를 활용해서 의미단위가 충분히 자연스러워질 때까지 몸에 익히면 됩니다. 그리고 각 의미단위를 말하기 전에 다음 의미단위를 재빨리 인식하는 것부터 의식적으로 연습해 보세요.

의미단위를 빠르게 인식하도록 도와주는 단서들

❶ 아이디어 Idea

의미단위를 인식하는 데 있어 가장 기본적인 단서는 바로 '문장이 전달하고자 하는 내용', 즉 아이디어입니다. 문장은 몇 개의 다른 아이디어를 전달하기 위해 적당한 문법구조를 사용하여 단어들을 묶어 놓은 것이기 때문에, 아이디어에 주목하면 의미단위로 나누어 말할 수 있습니다.

다음 예문을 아이디어에 주목해 의미단위를 인식하며 읽어 보세요.

At our Seoul branch we have a special department for handling international legal matters.

우리 서울 지사에는 국제법률 문제를 다루는 특수부서가 있습니다.

이 예문이 세 개의 다른 아이디어를 전달하려 하고 있다는 것을 인식하셨나요? 각각의 아이디어를 단서로 아래 문장을 의미단위마다 끊어 보면 다음과 같습니다.

At our Seoul branch / we have a special department / for handling international legal matters.

우리 서울 지사에 / 특수부서가 있습니다 / 국제법률 문제를 다루는

어디에   뭐가 있는데?   뭐하는 덴데?

긴 문장을 말할 경우에는 특히 어떤 아이디어를 의미단위로 만들어 듣는 사람에게 전달하려는지 말하기 전에 확실히 인식하는 것이야말로 이 새로운 영어식 사고법을 습관화하는 첫걸음이 됩니다.

❷ 접속사 Conjunction

and, but, or, so와 같이 문장과 문장을 연결해 주는 단어를 '접속사'라고 부릅니다. 접속사는 문장에서 새로운 생각의 시작을 나타냅니다. 즉, 접속사 앞에서 하나의 의미단위가 끝나고, 접속사부터 새로운 의미단위가 시작됩니다. 따라서 접속사를 떠올리면 의미단위를 보다 쉽게 끊을 수 있습니다. 예문으로 확인해 봅시다.

(A) Do you want to talk about the results now / or wait until later?

지금 그 결과에 대해 말하고 싶으세요 / 아니면 나중까지 기다리고 싶으세요?

(B) I heard from John, / and he had to cancel his trip, / because his project schedule changed.

난 존한테 들었어 / 그런데 걔 여행을 취소해야만 했대 / 프로젝트 스케줄이 꼬여서 그랬나 봐.

예문 (A)에서는 접속사 or 앞에서 첫 의미단위가 끝나고, or부터 다음 의미단위가 시작되고 있습니다. 또 예문 (B)에서는 접속사 and와 because 앞에서 의미단위가 끝나고, 접속사부터 다음 의미단위가 시작되고 있습니다. 이처럼 접속사는 쉽게 의미단위를 인식할 수 있는 단서이므로 반드시 접속사 앞에서 끊어 주세요.

❸ 문법 Grammar

어떤 문장 구조로 되어 있는지도 의미단위를 찾는 단서가 됩니다.

The main difficulty with the current Russian government / is its foreign policy.

현 러시아 정부의 주요 난제는 / 외교 정책 문제입니다.

위 예문에서는 긴 주어가 하나의 의미단위를 이루고 있습니다. 이런 긴 주어 외에 특정한 문법요소와 함께 의미단위를 만드는 것에는 that, which, whose, for, after 등으로 시작되는 절이 있습니다.

❹ 강조 Emphasis

어떤 중요한 단어나 아이디어를 강조하고 싶을 때, 그 앞에서 끊을 수 있습니다. 즉, 강조할 내용 앞에서 하나의 의미단위가 끝나고, 거기서부터 다음 의미단위가 됩니다.

(A) There is / one way to solve the problem.
~이 있습니다 / 문제를 해결할 한 가지 방법이

(B) We must respond to customer complaints / immediately.
우리는 고객 불만에 대응해야만 합니다 / 즉각적으로

예문 (A)에서 강조되는 아이디어는 one way이고, 그 앞에서 끊어 두 개의 의미단위를 만들고 있습니다. 또 예문 (B)는 immediately라는 단어를 강조하기 위해 그 앞에서 끊어 말하고 있습니다. 이렇게 강조되는 아이디어는 실제 대화에서는 큰 소리로 천천히 말해 더욱 강조할 수 있습니다.

❺ 구두점 Punctuation

마지막으로 의미단위를 인식하는 단서에는 구두점이 있습니다. 구두점은 일상 대화에서는 직접적인 관계가 없지만, 발표를 하거나 원고를 읽을 때는 잘 끊어 읽기 위한 하나의 단서가 됩니다. 구두점에는 다음과 같은 것이 있습니다.

, ; : . " ? !

문장은 쉼표, 세미콜론, 콜론, 마침표, 따옴표, 물음표, 느낌표 뒤에서 끊어지며, 그 전후는 의미단위가 됩니다. 예문을 봅시다.

(A) If you send us the production schedule, / we can start manufacturing the units next week.

저희에게 생산 일정표를 보내주시면 / 우리는 다음 주에 제품 생산을 시작할 수 있습니다

(B) We have to consider three issues: / cost, / staffing, /and the schedule.

우리는 세 가지 문제를 고려해야만 합니다 / 비용 / 인력 / 그리고 일정

예문 (A)는 쉼표 뒤, 예문 (B)는 콜론과 두 개의 쉼표 뒤에서 끊어서 말하게 됩니다.

☞ 정리합시다

☑ 의미단위를 인식하는 가장 기본적인 단서는 '아이디어'다.

☑ 긴 문장을 무턱대고 시작하는 게 아니라 어떤 아이디어를 전달하고자 하는지 먼저 인지하는 것이 영어식 사고의 첫걸음이다.

☑ 의미단위를 인식하는 단서로는 '아이디어' 외에 '접속사', '문법', '강조', '구두점' 등 이 있다.

✦ 한국식 영어 탈출법 1 ✦

한국인의 영어 스피킹에서 자주 나타나는 문제 유형

이제 영어식 사고법을 토대로 의미단위의 정보 패키지를 하나씩 전달하듯 이야기하는 게 의사소통의 근본부터 바꾸어 준다는 사실을 이해하셨나요? 이론적으로는 이해했지만 막상 실제 대화는 어떻게 해야 하는지 잘 모르겠고, 이 방법을 시도해 볼 가치가 있는지 의문이라는 분들도 계실지 모르겠습니다.

저는 이 방법을 터득하면 듣는 사람도 더 쉽게 이해할 수 있고 말하는 사람도 유창하게 말하게 된다고 확신하고 있습니다. 이는 결코 어려운 일이 아니며, 영어 수준에 상관 없이 실천할 수 있기 때문에 꼭 내일부터도 시도해 보시길 추천합니다.

여기서는 그 위력을 실감하실 수 있도록 한국인의 영어 회화에서 가장 많이 드러나는 세 가지 문제를 짚어 보겠습니다. 여러분 대부분이 이 중 적어도 하나의 문제점은 가지고 있다고 말할 수 있을 정도로 자주 발생하는 오류입니다. 그 문제들이 새롭게 학습한 사고법을 활용할 때 얼마나 쉽게 해결될 수 있는지도 함께 설명하겠습니다.

문제 유형 1 ▶ 단어마다 끊어 말하는 '팝콘 스타일'

예일대 수업이나 기업 워크숍 등에서 한국인들을 가르칠 때 가장 흔히 발견되는 문제는 문장을 '의미단위'가 아니라 '단어'마다 끊어 말하는 것입니다. 이런 경우, 단어가 마치 프라이팬에서 팝콘이 톡톡 튀어 오르는 것과 유사하게 느껴져 저는 이를 '팝콘 스타일'이라 부르고 있습니다. 가령 아래와 같은 문장을 말할 때 빗금(/) 표시가 된 곳마다 끊어서 발음하는 것이죠.

I heard / from / John, / and he / had / to / cancel his / trip, / because / of a / scheduling / conflict.

단어를 하나하나 정확히 전달하려는 마음을 모르는 건 아니지만, 이런 방식은 원어민에게 있어 한마디로 '커뮤니케이션의 가시밭길'이라 할 수 있습니다.

왜냐하면 원어민은 의미단위가 도중에 끊기는 일이 없다는 전제하에

이야기를 듣기 때문에 상대방이 모든 단어를 끊어서 말하는 순간 머릿속이 혼란스러워지기 때문입니다.

또 듣는 사람에게 '이 사람은 신경질적이다'라는 좋지 않은 인상을 줄 수도 있습니다. 실제로 원어민 학생들과 한국 학생들이 섞여서 수행하는 MBA 프로젝트나 리더십 과정에서 이런 방식으로 말하는 한국 학생들이 신경질을 낸 적이 없음에도 '신경질적인 타입' 또는 '망설이거나 두서없는 사람'으로 인식되는 경우를 종종 보게 됩니다.

문제 유형 2 ▶ 예측할 수 없는 곳에서 끊는 '급브레이크 스타일'

한국인의 영어 회화에서 자주 발생하는 두 번째 문제점은 의미단위 도중에서 갑자기, 게다가 아무 의미 없이 문장을 끊어 버리는 것입니다.

이 책의 도입부에서 말했던 '한국은전 철이 혼잡합니다'나 '아버지 가 방에 들어가신다'와 같은 부자연스러운 끊어 말하기를 가리키는 것인데,

이런 화법은 앞서 팝콘 스타일만큼 띄엄띄엄 들리지는 않지만, 의미단위가 완성될 때까지 듣는 게 익숙한 원어민들 머릿속에는 중간에 엉뚱하게 끊어져 버린 불완전한 단어의 조합만 남게 됩니다. 그래서 듣는 이는 어쩔 수 없이 신경이 예민해져 편안하게 대화를 즐기는 일은 불가능해집니다. 이러한 오류는 영어를 비교적 유창하게 말하는 한국인들도 자주 저지르는 실수인데, 결국 '의미단위'라는 영어식 사고에 익숙하지 않아 생기는 오류입니다.

● 의미단위가 아닌 데서 끊어져 있는 경우 (한국말 끊는 데에 맞춰서 끊은 예문)

I / heard from John, / and he / had to / cancel his trip, / because of a / scheduling conflict.

문제 유형 1, 2를 영어식 사고로 해결하는 방법

이 두 가지 문제점은 영어 실력이 상당히 좋은 사람에게도 자주 나타나며, 의사소통 능력을 키우는 것에 방해가 됩니다. 발생 원인 중 하나는 역시 한국어식 사고가 무의식적으로 영어에 간섭하는 것입니다. 그러나 이 장에서 배운 의미단위의 정보 패키지를 만들어서 말하는 습관을 들이면 이 문제들은 해결할 수 있습니다.

어떻게 하면 영어로 생각하는 회화 습관을 익힐 수 있을까요? 그 대답은 단순합니다. 말하기 전에 생각하는 것입니다.

'누구든지 말하기 전에 생각하고 있죠'라고 말씀하실지 모르겠지만 여기서 생각한다는 의미는 새로운 영어식 사고법에 따라 말하고 싶은 내용을 의미단위로 생각하는 것을 말합니다.

더 구체적으로 말하면, 말하기 전에 첫 의미단위를 인식하고 그 아이디어를 말하기 위해 필요한 단어를 모두 머릿속에서 수집합니다. 그리고 첫 의미단위를 다 말했으면 그 뒤의 끊어 말하는 데서 다음 의미단위를 인식하고 그 아이디어를 말하기 위해 필요한 모든 단어를 머릿속에서 수집합니다. 아무리 길고 복잡한 문장이라도 이러한 과정의 반복일 뿐입니다. 중요한 것은 이 의미단위 사이에서 생각하는 리듬을 파악해야 합니다. 그리고 일단 의미단위를 말하기 시작했으면 도중에 갑자기 멈추거나 단어마다 끊는 일 없이 매끄럽게 이어서 말하도록 합니다(이 연결하는 방법에 대해서는 제3장을 참고해 주시면 됩니다).

자, 평소 영어로 말을 꺼낼 때 어떤 생각을 하고 있습니까? 지금 한번 떠올려 보세요. 그저 아무렇게나 말을 꺼내거나 전하고 싶은 영문을 머릿속에서 다 완성한 뒤 말하는 방식이라면 좋은 의사소통은 할 수 없습니다.

문제 유형 3 **문장을 끊지 않고 단숨에 말해 버리는 '성급한 스타일'**

한국인들의 영어 스피킹에서 나타나는 마지막 문제점은 의미단위 사이를 너무 적게 끊는 것입니다. 즉, 문장을 거의 끊지 않고 단숨에 말해 버리는 것입니다. 이건 영어를 잘하는 사람에 한한 문제이지 않냐고요? 절대 그렇지 않습니다. 영어 회화가 서투른 경우에도 자신이 할 수 있는 문장을 빨리 전달하고 끝내 버리고자 하는 마음에 쉬지 않고 말해 버리는 경우도 많습니다.

하지만 문장을 거의 끊지 않고 빨리 말해 버리면 듣는 사람이 그 메시

지를 충분히 이해하지 못합니다. 그리고 더 나쁜 점은 '이 사람의 말은 어디로 튈지 알 수 없다'는 부정적인 인상마저 준다는 사실입니다.

문제 유형 3을 영어식 사고로 해결하는 방법

좋은 커뮤니케이션이란 그저 빨리 말하는 것이 전부가 아닙니다. 듣는 이가 전달하려는 내용을 충분히 이해할 수 있는 속도와 방법으로 말하는 게 무엇보다도 중요합니다.

원어민 중에도 의미단위로 끊지 않고 말하는 사람이 많이 있습니다. 이런 사람의 말을 들으려면 몹시 피곤하고 이해하는 데 힘이 듭니다. 또 생각나는 대로 말해버리니 듣는 이를 배려하지 않고 제멋대로라는 인상도 줍니다. 특히 외국어로서 영어를 말하는 경우는 발음에 핸디캡이 있기 때문에 의미단위로 확실하게 끊어 정보 패키지를 하나씩 전달해, 듣는 이가 이해하기 쉽게 말해야 합니다. 이 세 번째 문제도 의미단위를 염두에 둔 회화 습관을 몸에 익히면 멋지게 해결할 수 있습니다. 그 방법은 다음과 같습니다.

의미단위로 끊으면 반드시 거기서 짧게 쉬도록 합니다. 이 쉬는 시간은 상황에 따라 다릅니다. 일반적으로 대화에서는 짧게, 프레젠테이션 발표에서는 길게 하는 경향이 있습니다. 외국인의 경우는 어떤 상황이든 약 1초 정도 쉰다고 생각하시면 됩니다. 또 문장의 끝에서도 적당히 쉬는 것이 좋습니다. 문장은 의사소통의 기본적인 단위일 뿐 아니라 다음에 말하려는 문장의 첫 의미단위에 대해 생각할 기회이기도 하기 때문입니다. 문장 끝의 포즈Pause는 약 2초 정도 두는 것을 기준으로 합니다.

영어로 생각하는 습관을 익힌다는 게 부자연스럽고 어색할 수 있습니다. 게다가 의미단위 사이사이에서 다음 의미단위를 의식하고 그 아이디어를 표현할 단어를 수집하는 일이 처음에는 상당히 오래 걸릴지도 모릅니다. 익숙해지기까지 연습 기간은 아무리 길어도 괜찮습니다. 낡은 습관을 바꾸는 것은 언제나 시간이 걸리는 법이니까요. 일단 익숙해지고 나면 가장 든든하고 오래 가는 좋은 습관이 될 것입니다.

'의미단위대로 끊어 말하기' 훈련의 예

마지막으로 영어로 생각하는 회화 습관을 익히는 연습을 하기 위해 한 원어민의 프레젠테이션 일부를 예로 들겠습니다. 의미단위 사이와 문장의 끝부분에는 빗금(/) 표시가 되어 있으니 끊어 읽으시면 됩니다. 언뜻 어렵게 느껴질 수 있겠지만, 의미단위로 생각하는 리듬과 감각을 익히기 위한 연습일 뿐이므로 가벼운 마음으로 시도해 보시길 바랍니다. 꼭 다음 예문이 아니더라도, 짧은 문장을 골라 연습하는 것도 좋은 방법입니다.

먼저 의미단위로 끊으면서 문장 중간 부분의 포즈는 약 1초(/), 문장 끝부분의 포즈는 약 2초(///)씩 쉬면서 읽고 그 감각을 익혀 주세요. 그 감각에 익숙해지면 포즈를 이용해서 다음 의미단위의 아이디어에 대해 머릿속으로 생각해야 합니다. 미리 생각한 의미단위를 말하기 시작하면 의미단위 안에서는 끊어지지 않도록 말하는 연습을 하시면 됩니다.

실제로 직접 소리 내 말하면서 연습하는 것이 중요합니다. 처음부터 잘할 필요는 없으니 여러 번 연습하면서 의미단위를 인지하는 것에 익숙해지도록 반복해 봅시다.

In my presentation today, / we will be considering / how American businesses / can increase their sales in Korea. // First, / we will review the American products / currently offered to Korean consumers, / and we will see the characteristics of successful products / and the features of strong marketing campaigns. // Then / we will examine the need for effective business partnerships, / including the qualities that are needed / in a Korean partner. // I am confident that, / after today's presentation, / you will know the steps you need to take / in order to make your business successful in Korea. / Finally, / I welcome your questions / at any time.

오늘 제 발표에서는 / 우리는 고려할 것입니다 / 어떻게 미국 업체가 / 한국에서 판매를 늘릴 수 있을지.// 우선 / 우리는 미국의 제품을 검토할 것입니다 / 현재 한국 소비자들에게 제공되고 있는, / 그리고 우리는 성공적인 제품들의 특징을 살펴볼 것입니다, / 그리고 강력한 마케팅 캠페인의 특징도. // 그러고 나서 / 효과적인 비즈니스 파트너십에 대한 필요를 검토할 것입니다, / 필요한 자질을 포함해서 / 한국 파트너에게 // 저는 확신하고 있습니다, / 오늘 발표를 마치고 나면, / 여러분이 어떤 수순을 밟아야 할지 알게 될 것입니다 / 한국에서 비즈니스를 성공시키기 위해서.// 마지막으로 여러분의 질문을 받겠습니다 / 언제든지.

어떤가요? 의미단위와 문장 뒤에 포즈를 두고 말하면 듣는 이도 이해하기 쉬울 것 같고, 생각을 말하기 쉬워지지 않나요? 이것이 핵심입니다. 이런 영어 의사소통은 장점이 많으니 앞으로 영어로 말할 기회가 있을 때 응용해 보세요.

1 각 문장에서 의미단위 뒤의 포즈로 어울리지 않는 곳은 어디일까요? ①, ② 중 하나에 체크하세요.

01 When you arrive ① at the hotel, ② please call me.

02 I look forward to ① hearing from you ② after you have reviewed the documents.

03 I wrote to Chris ① and mentioned that I will ② be in New York on January 12.

04 Earlier this week ① we sent ② you an express mail.

05 We can go ① to an Italian restaurant ② or a Korean restaurant.

06 Sue, ① could you ② take a look at this?

2 각 문장에서 의미단위 뒤에 끊어 말하기 좋은 두 곳은 어디일까요? 네 곳 중 두 곳을 골라 빗금(/) 표시를 넣어 주세요.

01 When you _ travel internationally, _ one of the _ biggest challenges _ is the culture barrier.

02 The culture barrier _ is about different _ ways of _ behaving _ and communicating.

03 For example, _ how do _ you politely refuse _ someone's _ request?

04 Hi, _ we just checked _ into our room _ and it seems to be very _ noisy.

05 It would be wonderful _ if you could _ find a way _ to help _ us.

06 I am _ out of the country right now _ and email may be the best way _ for us to _ share information.

07 It is good to hear that you are _ doing well, _ and I'm also glad that you have been successful _ in completing the design of _ your new website.

08 If you get any _ more ideas, _ I'd be _ happy to hear about them _ at our next meeting.

09 I _ am wondering about _ the status of _ the project _ especially the marketing.

10 In our view, _ the economic situation will _ improve slowly _ perhaps taking as long _ as five years.

11 You seem to be _ saying that _ your main concern _ is the _ cost of housing.

12 First, _ I just _ wanted to update you _ on our _ plans for coming to New York.

▶정답 및 해석은 권말에

문서를 작성할 때 템플릿을 사용하면 간편하듯이
영어 스피킹에서도 템플릿을 사용해 보자.
원어민은 말을 하거나 들을 때 잠재의식에 있는
템플릿을 활용해 문장을 만든다.
이 템플릿을 사용하면 쉽게 말할 수 있을 뿐만 아니라
듣는 이도 놀라울 정도로 이해하기 쉬운 문장으로 말할 수 있다

제 2 장

영어의
사고 템플릿을 활용하라

문제는
발음이 아니다

왜 못 알아들을까?

외국인과 영어로 대화할 때 상대방이 못 알아듣고 다시 물어봐서 당황한 경험, 누구나 있으실 겁니다. 한 번 정도는 괜찮은데, 두세 번 되물어오

면 다시 영어로 대답하는 게 두려워지죠. 아니 오히려 되물어오는 건 나을 수 있습니다. 상대방이 말은 하지 않지만, 내 말에 반응이 둔하거나 난처한 표정을 지으며 완전히 이해하지 못한 눈치라도 보이면 차마 그걸 말할 수도 없고 안 할 수도 없는 거북한 상황이 됩니다.

왜 이해하지 못했을까요? '발음 때문이다'라고 생각하는 분들이 많겠지만, 사실 한국인의 전형적인 영어 발음은 특별히 잘 안되는 몇 가지 소리를 제외하면 그리 문제가 되지 않습니다.

오히려 가장 큰 비중을 차지하는 것은 바로 영어의 사고 템플릿을 사용하지 않고 말하는 것입니다. '영어의 사고 템플릿Thinking Template'이란 '원어민의 잠재의식 속에 존재하는 문장을 만들거나 인식하는 틀'을 말합니다.

'템플릿'이란 말은 문서를 작성할 때 자주 사용되는 기본 골격을 미리 정해 놓은 것으로, 한국에서도 많이 쓰이는 용어로 알고 있습니다. 그런데 이 템플릿에는 한 가지 특징이 있습니다. 템플릿에 맞는 내용은 입력만 하면 간편하게 쓰이지만, 틀에 맞지 않는 내용을 억지로 입력하려고 하면 작업이 복잡해지고, 경우에 따라서는 전혀 입력할 수 없게 된다는 사실입니다.

영어의 사고 템플릿으로 '이해하기 쉬운 영어'가 가능해진다!

'영어의 사고 템플릿'도 이와 비슷한 특징을 가지고 있습니다. 영어로 대화할 때 여러분이 이 템플릿에 맞는 문장을 얘기했다고 가정해 봅시다. 그러면 설사 여러분의 발음이 다소 나쁘더라도 원어민의 머릿속에 쉽게 받아들여져 '이해하기 쉬운 영어'로 느껴지게 됩니다. 하지만 원어민의 사고 템플릿과 다른 문장으로 말하면, 원어민이 여러분의 말을 이해하는 데 장벽이 더 높아지고 맙니다. 만약 여러분의 발음이 좋고, 문법이 정확하고, 상황이 앞뒤 문맥상 명확하다면 모를까, 그게 아니라면 원어민은 여러분의 말을 전혀 알아듣지 못할 수도 있습니다.

다시 말해, 발음이나 문법이 상대적으로 불완전한 외국인이 영어로 말할 때는 영어의 사고 템플릿을 활용해서 말하는 것이 듣는 사람을 확실하게 이해시킬 수 있는 가장 좋은 방법입니다. 자, 그럼 지금부터 영어 커뮤니케이션을 효율적으로 도와주는 영어의 사고 템플릿에 대해 더 구체적으로 살펴봅시다.

사고 템플릿의
효과

알아듣기 쉬운 문장 vs. 알아듣기 어려운 문장

영어의 사고 템플릿을 이해하려면 먼저 영어의 문장 구조에 주목할 필요가 있습니다.

'또 영문법을 공부한다니 생각만 해도 지긋지긋하다!' 싶은 분도 걱정하지 마세요. 여기서 영어 문장의 구조를 살펴보는 이유는 어떤 단어를 선택하고 어떤 방식으로 구성하느냐에 따라 듣는 사람이 문장을 알아듣는 정도에 차이가 생긴다는 사실을 확인하기 위해서니까 그냥 가볍게 읽어 보시면 됩니다.

조금 긴 문장이지만, 다음 두 문장을 잠시 비교해 봅시다.

(A) An examination of the sales data will give us
a better understanding of consumer responses
to our marketing campaign.

판매자료 검토는 우리의 마케팅에 대한 소비자 반응에 더 나은 이해를 제공해 줄 것이다.

(B) We will examine the sales data so that we can understand how
consumers responded to our marketing campaign.

우리는 판매자료를 검토할 건데, 이로 인해 소비자가 우리 마케팅에 대해 어떻게 반응했는지를 이
해할 수 있다.

예문 (A)와 (B)는 거의 같은 의미의 문장입니다. 게다가 둘 다 적절한
단어가 사용되었고, 문법적인 오류도 없습니다. 그리고 두 문장 모두 일
상생활에서 흔히 주고받을 수 있는 내용입니다.

하지만 두 문장에는 큰 차이가 하나 있습니다. 혹시 눈치채셨나요? 바
로 전달력의 차이입니다. 원어민들은 예문 (A)보다 (B)를 읽기도 쉽고,
자연스럽게 이해할 수 있는 문장이라고 인식합니다.

왜 이해하기 쉬울까?

그렇다면 예문 (B)가 더 이해하기 쉬운 이유는 무엇일까요?

이는 문장의 구조와 그에 따른 단어 선택에 답이 있습니다. 두 문장의
구조는 일목요연합니다. 예문 (B)는 주어가 '문장의 실행자'가 되는 반
면, 예문 (A)는 주어가 '문장의 액션과 목표'가 됩니다. 그에 따른 단어 선
택을 살펴보면 예문 (B)에는 we라는 단어가 두 번 사용되고 있습니다.

반면 이 단어는 예문 (A)에는 없습니다. 또 예문 (B)에는 세 개의 동사 examine, understand, responded가 있는데, 예문 (A)의 동사는 give 단 하나뿐입니다.

문장 구조와 그에 따른 단어 선택을 어떻게 하느냐에 따라 문장의 의미 전달력이 얼마나 달라지는지 짧은 예문으로 한 번 더 검토해 봅시다.

(A) Approval of the plan was given by the manager.

계획의 승인이 매니저에 의해 내려졌다.

(B) The manager approved the plan.

매니저는 계획을 승인했다.

이 두 문장은 같은 내용을 전달하며, 적절한 단어와 정확한 문법이 사용되었습니다. 차이점이 있다면 예문 (B)는 주어가 문장의 액션을 수행하는 주체인데 반해, 예문 (A)는 문장의 액션에 해당하는 단어가 주어로 사용되었다는 점뿐입니다. 그러나 원어민은 예문 (B)를 더 이해하기 쉽다고 느낍니다. 왜냐하면 예문 (B)의 문장 구조와 단어 선택이 앞서 말한 원어민의 잠재의식 속에 존재하는 '문장을 만들거나 인식하는 틀', 즉 '영어의 사고 템플릿'에 적합하기 때문입니다.

의미 전달력을 좌우하는 사고 템플릿,

영어의 사고 템플릿이란 대체 무엇일까?

영어의 사고 템플릿이란 쉽게 말해 '실행자Doer-액션Action-목표Goal'
의 순서로 문장을 만들거나 인식하는 틀을 말합니다.

이는 '영어'라는 언어의 특징 중 하나로, 학교에서 배우거나 공식적으
로 약속된 것은 아니지만 원어민들이 자라면서 자연스럽게 갖게 되는 사
고의 틀이라고 볼 수 있습니다. 원어민은 말할 때나 들을 때 무의식적으
로 이 사고 템플릿을 사용하면서 커뮤니케이션합니다.

이 템플릿이 원어민의 머릿속에서 어떻게 기능하는지 보다 구체적으
로 설명하면 아래의 표와 같습니다.

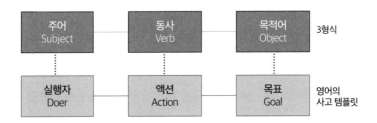

첫 번째 행은 영어의 가장 대표적인 문장구조인 '주어+동사+목적어'
로 이루어진 문장을 나타냅니다. 여러분은 중학교 때 이를 '3형식 문장'
이라고 배웠을 것입니다. 그리고 두 번째 행은 지금 막 말씀드린 영어의

사고 템플릿입니다.

원어민은 이야기를 들으면 무의식적으로 기본적인 템플릿에 끼워 맞춰 이해하려고 합니다. 주어를 '문장의 실행자'로 인식하죠. 이 실행자는 사람일 수도 있고 사물일 수도 있지만 문장 속에서 특정 액션을 취하게 됩니다. 이어지는 동사는 '실행자의 액션'이며, 목적어는 '실행자가 일으키는 액션의 목표(사람이나 사물)'라고 생각하시면 됩니다. 바꾸어 말하면, 동사는 '목표에 대한 실행자의 액션'을 설명하고 있습니다.

여기서는 대표적인 문장구조인 3형식 문장을 예로 들어 설명했지만, 그 외의 문장 구조인 1형식(주어+동사), 2형식(주어+동사+보어), 4형식(주어+동사+간접목적어+직접목적어), 5형식(주어+동사+목적어+보어)에서도 원어민은 주어, 동사에 대해 똑같은 사고 템플릿에 맞춰, 실행자와 실행자의 액션으로 이해합니다. 또한 동사는 목적어(간접·직접목적어 모두 포함)와 보어에 대한 실행자의 액션을 설명하고 있다고 해석합니다.

그럼 다시, 앞서 언급한 원어민이 이해하기 쉽다고 느끼는 예문의 구조와 단어 선택을 살펴보도록 합시다.

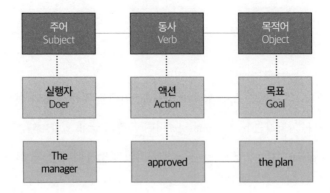

앞의 예문에서 주어는 The manager, 동사는 approved, 그리고 the plan은 목적어가 됩니다. 원어민은 이 문장을 들었을 때 문장의 주어인 The manager를 '문장 속에서 뭔가를 행하는 실행자'라고 인식합니다. 그 다음에 오는 동사인 approved는 '실행자의 액션'으로, 동사는 '실행자 액션의 목표인 목적어 the plan에 대한 행동을 설명'하고 있다고 판단합니다.

이 문장에서는 '주어 - 동사 - 목적어'라는 문장구조가 사고 템플릿인 '실행자 - 액션 - 목표'와 일치하고 있습니다. 따라서 항상 사고 템플릿에 따라 문장을 이해하려는 원어민에게 매우 알아듣기 쉬운 문장으로 인식되는 것입니다.

이해하기 어려운 예문 (A)와 비교하면 이 점은 아주 명확합니다.

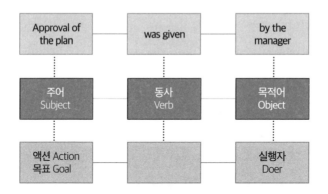

예문 (A)의 주어는 Approval of the plan인데 이것은 문장의 실행자가 아닙니다. 실행자는 by the manager이며 문장의 끝에 있습니다. 또 동사는 was given인데, 이 동사 자체는 거의 의미가 없습니다. 실제 실행자의 액션은 approval인데, 주어 속에 있습니다. 더욱이 이 문장에는 문법적인 목적어가 없습니다. 실행자의 액션 목표는 the plan인데, 이는 주어 일부에 전치사구로 포함되어 있습니다.

이 예문은 기본적인 사고 템플릿과 합치하지 않습니다. 그래서 원어민은 이런 문장을 이해할 때, '실행자 – 액션 – 목표'라는 틀에 맞춰 각각의 단어를 머릿속에서 다시 정렬하게 됩니다. 단어를 정렬하는 과정을 한 번 더 거치니 그만큼 듣는 프로세스가 길어지게 되고, 또한 말하는 사람도 말할 문장을 만드는 시간이 길어지게 됩니다.

결국 외국인이 원어민에게 알아듣기 쉬운 영어 문장을 만들기 위해서는 그들에게 익숙한 템플릿에 따라 '실행자 – 액션 – 목표'라는 순서로 구성하는 것이 매우 중요합니다.

사고 템플릿은 직선적이다

영어의 사고 템플릿을 보면 아시겠지만 '실행자', '액션', '목표'라는 3개의 요소는 순서에 맞게 직선적으로 나열되어 있습니다. 한국어의 문장구조나 사고방식과는 큰 차이를 발견할 수 있죠.

예를 들면, 한국어에서는 '나는 ○○○ 했습니다'와 같이 동사인 액션이 문장 끝에 오는 것이 보통입니다. 또 '은/는', '이/가', '을/를' 등의 조사나 대화의 상황이나 문맥에 따라 문장이 구성됩니다. 심지어 주어를 생략해도 말이 됩니다. 그러나 영어는 전혀 다릅니다. 영어에서 중요한 점은 상황이나 문맥보다 사고 템플릿의 요소와 순서이기 때문입니다. 그렇기 때문에 한국어로 말하던 습관의 영향을 받지 않으려면 영어의 사고 템플릿을 항상 염두에 두는 게 의사소통 향상에 꼭 필요합니다.

영어의 사고 템플릿의 사용 효과는 단지 '원어민을 잘 이해시키는 것'만은 아닙니다. 원어민은 들을 때뿐 아니라 말할 때도 잠재적으로 사고 템플릿을 사용하는데 그렇게 해야 영어의 특성에 기초한 문장을 만들기 쉽기 때문입니다. 따라서 사고 템플릿에 익숙해지면 '상대방의 영어를 이해하는 것'도 한결 수월해집니다. 요컨대 이 사고 템플릿을 의식적으로 사용하면 영어를 말하기도, 이해하기도 한결 수월해져 여러분의 회화 능력이 놀랍게 향상되는 효과를 얻을 수 있게 됩니다.

👉 정리합시다

☑ 영어의 사고 템플릿이란 '실행자-액션-목표'의 순서로 문장을 만들거나 인식하는 원어민의 사고법이다.

☑ 사고 템플릿을 이해하고 활용함으로써, 듣는 사람의 이해도가 높아지며 회화 능력도 향상된다.

영어의 사고 템플릿 1단계:
등장인물을 선택한다

영화감독이 된 기분으로 '실행자'를 결정한다

그럼 구체적으로 영어의 사고 템플릿에 따라 간단하게 영어로 문장을 만들어 봅시다. 먼저 첫 번째 단계는 실행자가 될 적절한 주어를 선택하는 것입니다. 주어를 정하는 것은 간단한 일 같지만, 실제로는 '액션'이나 '목표'를 주어로 선택해서 굳이 이해하기 어려운 문장을 만드는 경우가 꽤 자주 발생합니다.

영어의 사고 템플릿에 따라 이해하기 쉬운 문장을 수월하게 만드는 데는 요령이 있는데, 바로 영화를 제작하고 있다고 생각해 보는 것입니다. 자신은 영화감독이 되고 전달하고 싶은 이야기는 영화의 스토리가 되는 거죠. 먼저 감독이 해야 할 일은 이 스토리의 등장인물, 즉 사고 템플릿에

서 문장의 실행자가 될 주어를 결정하는 것입니다. 그리고 액션이나 목표보다 '실행자'에 초점을 맞추어 스토리를 전개합니다.

문장의 실행자로 선택되는 것은 자신일 수도 있고, 듣는 사람일 수도 있습니다. 또 그것이 제3자인 경우도 있는가 하면, 마치 실행자처럼 액션을 일으키는 사물인 경우도 있습니다. 예를 들면 'I saw the new movie(나는 새로 나온 영화를 보았다)'라는 문장에서는 I가 액션의 실행자입니다. 'The price has increased a lot recently(가격이 최근에 많이 인상되었다)'에서는 The price가 액션의 실행자로 선택되었습니다.

이렇게 실행자에 초점을 맞추어 문장을 만들면, 듣는 사람이 이해하기 쉬울 뿐 아니라 말하는 사람도 다음 문장을 편하게 이어갈 수 있게 됩니다.

이미 잘 알고 있는 실행자를 사용하면 언제든지 술술

사고 템플릿의 효과는 단순히 한 문장을 만들 때만 나타나는 것이 아닙니다. 어떤 화제에 대해 다른 이에게 전하거나 상대방과 이야기를 나누는 전형적인 영어 커뮤니케이션 상황에서도 절대적인 효과를 발휘합니다.

다음은 ○○무역 탁 대리가 자신이 소속된 프로젝트팀의 회의 내용을 간단히 구두로 사후 보고하는 상황입니다. 이해하기 쉬운 리포트인지 생각하며 읽어 보세요.

(A) The subject of our team meeting is an examination of our marketing efforts in East Asia.

우리 팀의 회의 주제는 동아시아에서 펼친 마케팅 노력에 대한 검토입니다.

(B) An increase in sales in Taiwan and Korea was the goal of our team's advertising campaign.

대만과 한국에서 판매량 증가는 우리 팀 광고 캠페인의 목표였습니다.

(C) There was an expansion of our market share in Taipei.

타이베이에서 시장 점유율의 증가가 있었습니다.

(D) A visit to Taiwan resulted in our team members finding increased competition from Chinese manufacturers.

대만을 방문한 결과 우리 부서원들은 중국 제조업체들과의 경쟁이 치열해졌다는 사실을 알았습니다.

(E) A research area of our staff focused on the young consumer segment of the Korean market.

우리 부서원들의 조사 분야는 한국 시장에서 젊은 소비자층에 초점을 두었습니다.

(F) December tenth is the date of our next meeting.

12월 10일은 다음 회의 날짜입니다.

이 보고를 자세히 살펴보면 각 문장의 '주어'가 '실행자'와 일치하지 않습니다. 게다가 대부분의 문장에서 실행자가 애매합니다. 또 주어가 문장마다 달라 닥치는 대로 선택된 듯한 인상을 줍니다. 이렇게 실행자인 주어가 자꾸 바뀌면 듣는 사람이 대화의 흐름을 이해하기가 매우 어려워집니다. 또 보고하는 탁 대리 자신도 이야기의 초점을 잃어 말하기 어려웠을 것으로 짐작할 수 있습니다.

하지만 만일 탁 대리가 원어민의 사고법인 영어의 사고 템플릿을 활용하는 방법을 알고 있었다면 이 보고는 더 성공적이었을 것입니다. 그러니까 영화감독이 된 기분으로 각 문장의 주어를 실행자로 하고, 그 실행자가 액션하는 스토리라고 생각해 이어 나가면 좋았을 것입니다. 또 보고 내용도 특정 실행자에게 초점을 맞추어 스토리를 전개했다면 그 내용을 이해하기 훨씬 쉬워졌을 것이고 탁 대리 자신도 말하기 쉬웠을 것입니다.

그럼 사고 템플릿을 익힌 탁 대리의 보고가 어떻게 바뀌는지 한번 살펴봅시다.

(A) Our team will examine our marketing efforts in East Asia.

우리 팀은 동아시아에서 펼친 마케팅 노력에 대해 검토할 것입니다.

(B) Our team wanted to increase sales in Taiwan and Korea

through an advertising campaign.

우리 팀은 광고 캠페인을 통해 대만과 한국에서 판매량을 늘리고자 했습니다.

(C) Our team expanded our market share in Taipei.

우리 팀은 타이베이에서 시장 점유율을 늘렸습니다.

(D) When our team members visited Taiwan, they saw increased competition coming from Chinese manufacturers.

우리 팀원들이 대만을 방문했을 때, 중국 제조업체들로 인해 경쟁이 증가했다는 걸 알게 됐습니다.

(E) Our staff researched the young consumer segment of the Korean market.

우리 팀원들은 한국 시장에서 젊은 소비자층을 조사했습니다.

(F) Our team will hold its next meeting on December tenth.

우리 팀은 12월 10일에 다음 회의를 할 예정입니다.

새로운 보고에서 탁 대리는 각각의 문장에 대해 확실한 실행자를 주어로 선택해 스토리를 전개하고 있습니다. 또한 보고 전체를 보면 실행자로 선택된 것은 our team, our team members, our staff 단 3개뿐으로 이전의 보고처럼 실행자가 자꾸 바뀌는 일도 없습니다. 그래서 보고의 초점이 명확하고 스토리 전개가 매우 이해하기 쉬워졌습니다. 또 탁 대리 자신도 한정된 실행자를 주어로 하여 문장을 시작했기 때문에 편하게 문장을 만들면서 이야기할 수 있었을 것입니다.

위의 예로 알 수 있듯이 어떤 화제에 대해 이야기할 때는 계속해서 새로운 아이디어로 문장을 말하려고 하기보다는, 듣는 사람이 원래 알고 있거나 말하는 사람이 앞서 언급한 실행자를 주어로 해 시작하는 것이 의사소통을 원활하게 하는 중요한 요령 중 하나입니다.

그리고 이야기에 등장하는 실행자의 수를 최대한 압축하는 것도 중요합니다. '같은 실행자를 주어로 반복해서 사용하면 듣는 사람을 따분하게 하는 게 아닌가' 걱정할 필요 없습니다. 일반적으로 실행자의 수가 가능한 한 적어지도록 주어를 고려하며 문장을 만드는 것이 가장 좋은 의사소통 방법입니다.

👉 정리합시다

☑ 사고 템플릿을 사용하려면 먼저 실행자를 정하고 그것을 주어로 문장을 만들어 나간다.

☑ 문장의 액션이나 목표보다 실행자에 초점을 맞추어 스토리를 전개한다.

☑ 어떤 화제에 대해 이야기할 때는 계속해서 새로운 실행자를 사용하는 것보다 듣는 사람이 상황이나 문맥을 통해 이미 알고 있는 실행자를 선택하되, 실행자를 가능한 한 적은 수로 선택하고, 듣는 사람이 쉽게 액션과 관련지을 수 있도록 하는 것이 좋다.

영어의 사고 템플릿 2단계: 액션은 동사에게 맡긴다

동사로 액션을 표현하라

실행자가 될 주어를 결정했으면, 실행자의 액션을 동사와 일치시켜 문장을 만듭니다. 너무나 당연한 말 같겠지만, 실제 영어 대화를 들어 보면 액션을 이해하기 어려운 방법으로 표현하는 일이 종종 있습니다.

따라서 액션을 표현할 때 충분한 주의가 필요한데, 그 이유는 영어에서는 액션을 동사로도, 명사로도 나타낼 수 있기 때문입니다. 지금부터 몇 가지 예를 들어 살펴보겠습니다.

동사	명사
Improve 향상시키다 ← →	Improvement 향상
Examine 검사하다 ← →	Examination 검사
Decide 결정하다 ← →	Decision 결정
Achieve 성취하다 ← →	Achievement 성취
Propose 제안하다 ← →	Proposal 제안

위의 표에서 보듯이 액션은 명사로도 표현할 수 있습니다. 그런데 문장의 주요한 액션을 명사로 나타내는 것과 동사로 나타내는 것에는 큰 차이가 있습니다. 아래 예문을 보십시오.

(A) **His recommendation is that our evaluation of the project be done by next Friday.**

그의 제안은 프로젝트에 대한 우리의 평가를 다음 주 금요일까지 마치자는 것이다.

(B) **He recommends that we evaluate the project by next Friday.**

그는 다음 주 금요일까지 프로젝트에 대해 평가하자고 제안한다.

같은 내용의 액션을 예문 (A)는 명사로 나타내고 있으며, 예문 (B)는 동사로 나타내고 있습니다. 조금 더 자세히 살펴볼까요? (A)는 액션이 recommendation과 evaluation이라는 명사로 표현되어 있습니다. 반면 (B)는 recommends와 evaluate이라는 동사로 표현되어 있으며, '주어 - 동사 - 목적어'의 문형이 영어의 사고 템플릿인 '실행자 - 액션 - 목표'와 일치하고 있습니다. 스토리 전개에 중심이 되는 액션을 동사로 표현하고 있기 때문에, (B)가 (A)보다 훨씬 이해하기 쉽습니다.

한 가지 예를 더 들어 보죠. 다음 예문을 통해서도 영어의 사고 템플릿에서 동사로 나타낸 액션이 왜 이해하기 쉬운지를 잘 알 수 있습니다.

(A) This issue was the topic of David's discussion.
이 사안은 데이비드의 토론 주제였다.

(B) David discussed this issue.
데이비드는 이 사안에 대해 토론했다.

예문 (A)에서는 액션이 discussion이라는 명사로, 예문 (B)에서는 discussed라는 동사로 표현되어 있습니다. (A)의 경우 듣는 사람은 끝부분의 discussion이란 단어를 들을 때까지 문장의 중요한 내용을 이해하기 위해 기다려야 합니다. 반면 (B)는 영어의 사고 템플릿에 맞게 만들어진 문장으로, 액션을 나타내는 동사가 실행자인 주어 바로 뒤에 놓여 있습니다. 이 경우 실행자와 액션이 바로 연결되기 때문에, 듣는 사람이 이해하기가 매우 쉽습니다.

실행자 바로 뒤에 동사가 오기 때문에 의미 있다

네이티브 스피커는 사고 템플릿에 따라 문장 첫머리에 액션의 실행자가, 그 바로 뒤에 액션이 오는 것을 전제로 이야기를 듣습니다. 그렇기 때문에 주어가 될 실행자를 선택하고 그 바로 뒤에 동사로 나타낸 액션을 나오게 하는 것이 알아듣기 쉬운 문장을 만드는 열쇠가 됩니다.

이는 듣는 사람에게만 유리한 것이 아닙니다. 말하는 사람도 문장 첫 머리의 주어와 그다음 순서인 동사가 결정되면 나머지 문장은 확실히 편하게 만들 수 있게 됩니다. 다음 예문을 보십시오.

(A) **The pilot examined the plane.**

조종사는 비행기를 검사했다.

(B) **The pilot examined the plane that had been damaged by the storm.**

조종사는 폭풍우로 파손된 비행기를 검사했다.

(C) **The pilot, who arrived early at the airport because of the storm, examined the plane.**

조종사는 폭풍우 때문에 공항에 일찍 도착해서 비행기를 검사했다.

예문 (A), (B)를 보면, 둘 다 실행자인 주어 The pilot의 바로 뒤에 액션을 동사 examined로 표현하고 있습니다. 이 두 개의 요소가 결정되면, 목적어는 예문 (A)의 the plane처럼 짧은 목적어가 와도, 예문 (B)의 the plane that had been damaged by the storm처럼 긴 목적어가 와도 이해하는 데 전혀 무리가 없습니다. 주어와 동사만 연결되어 있으면 예문 (B)처럼 긴 목적어가 그 뒤에 나와도 듣는 사람은 쉽게 문장의 내용을 이해할 수 있다는 말입니다.

하지만 예문 (C)의 경우는 주의를 기울여야 합니다. 예문 (C)도 전체적으로 '주어-동사-목적어'가 '실행자-액션-목표'라는 사고 템플릿과 일치합니다. 하지만 어딘가 이해하기 어려운 문장입니다. 사고 템플릿에 따르고 있어도 이런 문장이 만들어지는 경우가 있습니다.

왜일까요?

이유는 주어를 설명하려고 '주어와 동사 사이에 정보를 넣었기 때문'입니다. 하지만 말하는 사람이 정보를 추가하는 동안, 듣는 사람은 '대체 주어는 뭐였더라?' 하고 앞서 들은 내용을 잊어버리는 일이 종종 일어납니다.

이처럼 주어와 동사가 바로 연결되어 있지 않은 문장은 듣는 사람이 이해하기 쉽지 않을 뿐만 아니라, 말하는 사람도 문장을 만드는 데 어려움을 겪을 수 있습니다. 그렇기 때문에 동사로 표현한 액션을 주어 바로 뒤에 놓고, 그 사이에 긴 절 등이 삽입되지 않도록 해야 사고 템플릿의 강점을 최대한 살릴 수 있습니다.

동사는 커뮤니케이션 향상을 위한 강력한 아군

자, 이제 여러분은 '실행자'인 주어와 '액션'인 동사가 문장의 핵심적인 기능을 하고 있다는 사실을 배우셨습니다. 이 두 개의 요소를 어려움 없이 선택할 수 있다면 영어 커뮤니케이션 수준이 눈에 띄게 높아질 것입니다. 그런데 현실에서는 영어 학습자 대부분이 실행자는 쉽게 선택할 수 있는데, 동사의 선택은 어려워합니다. 고로, 유창한 영어 회화의 지름

길은 무엇보다 '동사 어휘력'을 늘리고 이를 자유자재로 사용할 수 있도록 하는 것입니다.

한국의 영어 학습자들이 평소 영단어 공부를 많이 한다고 알고 있습니다. 그러나 영어 스피킹 향상을 위해서는 그저 무작위로 단어를 외우는 것보다는 '영어 커뮤니케이션에 가장 많이 사용되는 동사 250개'부터 먼저 외우는 것이 현명한 방법입니다. 동사를 외울 때는 그냥 외우는 것이 아니라, 해당 동사를 가지고 자신이 자주 사용할 것 같은 문장을 만들면서 자기 것으로 만들어야 합니다. 또한 동사를 익힐 때는 look up이나 check on과 같은 동사구에 친숙해져야 한다는 사실도 잊지 마세요. 동사구는 글보다 회화에서 많이 사용되기 때문에 영어권에 오랫동안 살았던 사람이 아니라면 자연스레 익히기는 어렵고 별도의 특별한 노력이 필요합니다.

250개 최빈출 동사를 마스터하면, 자주 나오는 동사 500단어로 확대해 나갑니다. 이때 50개 정도의 동사구도 함께 마스터하는 것을 목표로 합니다. 동사 500개와 동사구 50개를 마스터하는 시점이 되면 영어로 자신의 생각을 표현하는 것이 훨씬 쉬워졌음을 실감하게 될 것입니다. 가장 많이 나오는 동사 250개의 리스트가 이번 장의 끝부분에 있으니 의사소통 향상을 위한 첫걸음으로 꼭 활용해 주세요.

☑ 실행자를 주어로 선택한 다음, 액션을 동사로 표현한다.

☑ 액션을 표현하는 동사는 주어 바로 뒤에 놓는다.

☑ 유창한 영어 회화의 비결은 평소에 동사 어휘 실력을 강화하는 것이다.

✦ 한국식 영어 탈출법 2 ✦

영어의 사고 템플릿을 활용했을 때 영어 회화 실력이 향상되는 이유 중 하나는, 한국어의 문장 구조와 그 속에 담긴 한국식 사고가 영어에 영향을 끼치는 것을 막아 주기 때문입니다.

같은 의미를 가진 한국어와 영어 문장을 비교해 보면 그 구조가 전혀 다른 것을 확인할 수 있습니다.

- **The customer bought a ticket.**
- 그 손님은 티켓을 샀다.

앞서 말씀드렸다시피 원어민은 영어 문장을 '실행자–액션–목표'라는 정보에 의지하여 이해하려 하기 때문에, 이해하기 쉬운 문장이란 이 3개의 요소가 바른 순서대로 직선으로 연결되어 있는 것을 말합니다.

반면 한국어는 3개의 요소가 '실행자 – 액션 – 목표' 순서로 연결되는 일이 드물며, 예문과 같이 '실행자 – 목표 – 액션'의 순서인 경우가 많습니다. 또한 사용되는 조사가 무엇인지에 따라, 혹은 이야기의 문맥에 따라 문장의 뜻이 달라집니다. 이런 한국어의 문장구조와 그 속에 담긴 한국식 사고는 영어 회화를 할 때도 무의식적으로 작용하게 되는데, 종종 상상 이상의 결과를 일으킵니다.

이를 확인하기 위해 간단한 퀴즈를 내겠습니다. 아래 제시된 9개의 문장 중에는 한국인 영어 학습자의 실제 스피치에서 발췌한, 한국어의 구조와 사고방식이 영향을 미친 '원어민은 이해하기 어려운 한국식 문장'과 '영어의 사고 템플릿을 사용하여 잘 구성된 문장'이 섞여 있습니다. 다음 중 한국어의 구조와 사고방식이 영향을 미친 문장은 어느 것일까요?

(1) About your memo, I will read it soon.
당신 메모 말인데요, 곧 읽겠습니다.

(2) The waiter brought the menu to our table.
종업원이 메뉴판을 우리 테이블에 가져다주었습니다.

(3) My wife ordered a salad and steak.
아내는 샐러드와 스테이크를 주문했습니다.

(4) Investing is the area in which we are specializing.

투자는 우리의 전문 분야입니다.

(5) She watches a movie every weekend.

그녀는 주말마다 영화를 봅니다.

(6) She did that again.

그녀가 또 그랬습니다.

(7) For you, is seafood good?

당신은 해산물이 좋습니까?

(8) Come home late every day.

매일 늦게 집에 옵니다

(9) I value your advice.

난 당신의 조언을 소중히 여깁니다.

정답을 맞혀 볼까요? 위 문장 중 한국어의 구조와 사고가 간섭하고 있는 문장은, (1), (4), (6), (7), (8)입니다.

'아니, (1)번이 왜 틀리죠?'라고 의아해하는 분도 계실 것입니다. 하지만 이것은 문법이 맞고 틀리고를 확인하는 문제가 아니라, 여러분의 영어 회화 능력을 기르기 한 문제입니다.

그러면, 한국어의 구조와 사고의 방해를 받은 5개 문장의 결함을 알아보겠습니다.

(1)번 문장은 먼저 'About your memo'라고 말하며 화제에 초점을 맞

추고, 그 화제에 대해 설명하고 있습니다. 이것은 전형적인 한국어 방식입니다. 하지만 영어의 사고 템플릿을 사용하게 되면 문장의 초점이 실행자에게 있어야 이해하기 쉽습니다. 즉, 'I will read your memo soon(당신 메모 금방 읽을게요)'이 됩니다.

(4)번 문장은 액션을 마지막에 말한 문장의 구조가 한국어와 매우 비슷합니다. 영어의 사고 템플릿으로 알기 쉽게 말한다면, 'We are specialized in investing(우리는 투자가 전문 분야입니다)'이 됩니다.

(6)번 문장의 경우, 이 문장만으로는 did와 that이 무엇을 가리키는지 전혀 알 수 없습니다. (6)번과 같은 문장을 듣고 그 뜻을 이해하려면 이야기의 문맥을 분명히 알고 있을 경우에만 가능합니다. 하지만 듣는 이가 문맥을 분명하게 알고 있다고 확신할 수 있는 경우는 매우 드뭅니다. 원어민은 영어의 사고법에 따라, 예를 들면 'She missed the class again(그녀는 또 수업에 빠졌어)'처럼 액션과 목표를 명확하게 말해 줄 것을 기대하고 있기 때문에, 이 문장을 들으면 당황하게 됩니다.

(7)번 문장도 한국어의 문장 구조와 비슷해서, '당신은'으로 시작되는 한국어가, 그대로 영어로 옮겨진 것 같습니다. 영어의 사고 템플릿을 사용하면, 'Do you like seafood?(당신은 해산물이 좋습니까?)'가 됩니다.

(8)번 문장은 주어가 생략되어 있습니다. 글로 쓰인 문장을 보면 이상하다는 것을 단번에 눈치채셨겠지만, 막상 회화에서는 매우 자주 일어나는 실수입니다. 한국어에서는 주어가 없어도 문맥상 '매일 늦게 집에 옵니다.'라고 말하면 이야기가 통하지만, 영어에서는 그렇게 할 수 없기 때

문에, 'I come home late every day(나는 매일 늦게 집에 옵니다)'라고 해야 합니다.

위에서 제시한 예문은 한국어의 구조와 한국어식 사고 때문에 원어민을 혼란스럽게 만드는 한국식 영어의 극히 일부일 뿐입니다. 하지만 영어의 사고 템플릿을 의식적으로 활용하는 훈련을 통해 일단 새로운 사고 습관을 익히면, 지금까지 이런 문장을 만들어 왔다는 사실을 믿을 수 없게 됩니다.

✦ 영어 회화에서 가장 흔히 쓰이는 **동사 250** ✦

동사를 자유자재로 사용하지 못하면 영어 말하기 실력이 느는 것을 기대하기 어렵습니다. 여기에 영어로 대화할 때 가장 많이 사용되는 동사를 빈도순으로 1~250위까지 정리했습니다. 이 목록은 영작문과 영어 회화에 사용되는 1억 개의 영단어를 집대성한 〈The British National Corpus〉를 참고로 했습니다.

순위가 높은 단어일수록 친숙한 단어일 경우가 많습니다. 하지만 쉽게 생각되는 영단어일수록 여러 가지 의미가 있어 활용 범위가 넓습니다. 모르는 단어는 사전을 찾아 250개의 동사를 모두 확실하게 사용해 봅시다.

001 **be** 있다, 존재하다	012 **come** 오다	023 **leave** 떠나다
002 **have** 가지다, 있다	013 **give** 주다	024 **seem** ~처럼 보이다
003 **do** 하다	014 **look** 보다	025 **need** 필요하다
004 **say** 말하다	015 **use** 사용하다	026 **feel** 느끼다
005 **go** 가다	016 **find** 발견하다, 찾다	027 **ask** 묻다
006 **get** 얻다, 입수하다	017 **want** 원하다	028 **show** 보여주다
007 **make** 만들다	018 **tell** 말하다	029 **try** 노력하다
008 **see** 보다	019 **put** 놓다, 두다	030 **call** ~라고 부르다
009 **know** 알다	020 **work** 일하다	031 **keep** 지키다
010 **take** 가지고 가다	021 **become** 되다	032 **provide** 제공하다
011 **think** 생각하다	022 **mean** 의미하다	033 **hold** 잡다

034 **follow** 따라가다	055 **happen** 있다, 발생하다	076 **speak** 말하다
035 **turn** 돌다, 돌리다	056 **carry** 들고 있다, 나르다	077 **open** 열다
036 **bring** 가져오다	057 **talk** 말하다, 이야기하다	078 **buy** 사다
037 **begin** 시작하다	058 **sit** 앉다	079 **stop** 멈추다
038 **like** 좋아하다	059 **appear** ~인 것 같다	080 **send** 보내다
039 **write** 쓰다	060 **continue** 계속하다	081 **decide** 결심하다
040 **start** 시작하다	061 **let** 놓아두다	082 **win** 이기다
041 **run** 달리다	062 **produce** 생산하다	083 **understand** 이해하다
042 **set** 놓다	063 **involve** 수반하다, 포함하다	084 **develop** 발전하다
043 **help** 도와주다	064 **require** 얻다, 획득하다	085 **receive** 받다
044 **play** 놀다	065 **suggest** 제안하다	086 **return** 돌아오다
045 **move** 움직이다	066 **consider** 고려하다	087 **build** 짓다
046 **pay** 지불하다	067 **read** 읽다	088 **spend** 쓰다
047 **hear** 듣다	068 **change** 변하다	089 **describe** 묘사하다
048 **meet** 만나다	069 **offer** 제공하다	090 **agree** 동의하다
049 **include** 포함하다	070 **lose** 잃다	091 **increase** 증가하다
050 **believe** 믿다	071 **add** 추가하다	092 **learn** 배우다
051 **allow** 허락하다	072 **expect** 기대하다	093 **reach** ~에 이르다
052 **lead** 인도하다	073 **remember** 기억하다	094 **lie** 눕다
053 **stand** 서다, 서 있다	074 **remain** 남다	095 **walk** 걷다
054 **live** 살다	075 **fall** 떨어지다	096 **die** 죽다

097 **draw** 그리다	118 **cut** 자르다	139 **kill** 죽이다
098 **wash** 씻다	119 **cost** (값이나 비용이) 들다	140 **act** 행동하다
099 **hope** 바라다	120 **grow** 자라다	141 **plan** 계획하다
100 **create** 창조하다	121 **contain** 포함하다	142 **eat** 먹다
101 **sell** 팔다	122 **warn** 경고하다	143 **close** 닫다
102 **report** 보고하다	123 **bear** 참다	144 **belong** ~에 속하다
103 **pass** 지나가다	124 **join** 연결하다	145 **represent** 대표하다
104 **accept** 받아들이다	125 **reduce** 줄이다	146 **love** 사랑하다
105 **cause** 일으키다	126 **establish** 설립하다	147 **rise** 증가하다
106 **watch** 보다	127 **face** 마주하다	148 **prepare** 준비하다
107 **break** 깨뜨리다	128 **choose** 고르다	149 **manage** 경영하다
108 **support** 지지하다	129 **wish** 원하다, 바라다	150 **discuss** 의논하다
109 **explain** 설명하다	130 **achieve** 성취하다	151 **prove** 증명하다
110 **stay** 머무르다	131 **drive** 운전하다	152 **catch** 잡다, 받다
111 **wait** 기다리다	132 **deal** 다루다	153 **pick** 고르다, 선택하다, 뽑다
112 **cover** 가리다	133 **place** 놓다, 두다	154 **enjoy** 즐기다
113 **apply** 신청하다	134 **seek** 찾다	155 **suppose** 생각하다, 추정하다
114 **raise** 들어올리다	135 **fail** 실패하다	156 **wear** 입고 있다
115 **claim** 주장하다	136 **serve** 제공하다	157 **argue** 언쟁하다
116 **form** 형성하다	137 **end** 끝나다	158 **introduce** 소개하다
117 **base** ~에 근거를 두다	138 **occur** 일어나다	159 **enter** 들어가다

160 **arrive** 도착하다	181 **fight** 싸우다	202 **admit** 인정하다
161 **pull** 끌다	182 **surprise** 놀라게 하다	203 **replace** 대신하다
162 **reply** 대답하다	183 **maintain** 유지하다	204 **intend** 의도하다, 생각하다
163 **thank** 감사하다	184 **save** 구하다	205 **encourage** 격려하다
164 **present** 증정하다	185 **design** 디자인하다	206 **miss** 놓치다
165 **control** 지배하다	186 **improve** 개선하다	207 **drop** 떨어지다
166 **affect** 영향을 미치다	187 **avoid** 방지하다, 막다	208 **fly** 날다
167 **point** 가리키다	188 **wonder** 궁금하다	209 **reveal** 드러내다
168 **identify** 확인하다	189 **tend** 경향이 있다	210 **operate** 작동되다
169 **relate** 관련시키다	190 **express** 나타내다	211 **discover** 발견하다
170 **force** 강요하다	191 **determine** 알아내다	212 **record** 기록하다
171 **compare** 비교하다	192 **exist** 존재하다	213 **refuse** 거절하다
172 **suffer** 고생하다	193 **share** 함께 쓰다, 공유하다	214 **prevent** 막다
173 **announce** 발표하다	194 **smile** 웃다, 미소짓다	215 **teach** 가르치다
174 **obtain** 얻다	195 **treat** 대하다	216 **answer** 대답하다
175 **indicate** 나타내다	196 **remove** 제거하다	217 **depend** 의존하다
176 **forget** 잊다	197 **satisfy** 만족시키다	218 **hit** 때리다, 치다
177 **publish** 출판하다	198 **throw** 던지다	219 **regard** 여기다, 평가하다
178 **visit** 방문하다	199 **fill** 채우다	220 **result** 발생하다
179 **listen** 듣다	200 **assume** 추정하다	221 **attempt** 시도하다
180 **finish** 끝내다	201 **mention** 말하다, 언급하다	222 **arrange** 마련하다, 처리하다

223 **realize** 깨닫다, 알아차리다	233 **sign** 서명하다, 조인하다	243 **perform** 수행하다
224 **complete** 완료하다, 끝마치다	234 **define** 정의하다	244 **marry** 결혼하다
225 **notice** 의식하다	235 **shake** 흔들리다	245 **protect** 보호하다, 지키다
226 **extend** 연장하다	236 **study** 공부하다	246 **confirm** 확인하다
227 **check** 점검하다	237 **examine** 조사하다	247 **mark** 표시하다
228 **laugh** 웃다	238 **mind** 꺼리다	248 **imagine** 상상하다
229 **sound** ~인 것 같다	239 **drink** 마시다	249 **travel** 여행하다
230 **recognize** 알아보다	240 **gain** 얻다	250 **demand** 요구하다
231 **fit** 맞다	241 **attend** 참석하다	
232 **push** 밀다	242 **hang** 걸다	

✦ Review

1 각 문장은 영어의 사고 템플릿을 사용한 이해하기 쉬운 문장인가요? 옳으면 Y, 옳지 않으면 N으로 답하세요.

01 John requested an update on the situation.

02 An increase in staff could result in a crowded office.

03 The response was issued by the newspaper.

04 This product has helped many customers.

05 Development of a plan was completed by the committee.

2 각 문장은 영어의 사고 템플릿을 사용하지 않았기 때문에, 듣는 사람이 잘 이해하지 못했습니다. 사고 템플릿을 사용하여 알기 쉬운 문장으로 바꾸세요.

01 Analysis of the medical test results was done by the doctor.

⇨ _____

02 Their discussion of the project led to a suggestion of changes to the proposal.

⇨ _____

03 Sarah gave a report on sales in Europe.

⇨ _____

04 Her possible refusal to come to the meeting will cause a failure of
    our plan.

⇨ _____

05 With regard to the financial problems, there was a solution by the
    company.

⇨ _____

▶정답 및 해석은 권말에

원어민과 한국인은 영어의 소리에 대해
전혀 다른 이미지를 가지고 있다.
원어민에게 영어는
'끊어지지 않고 매끄럽게 흐르는 소리Sound Stream'라는
이미지이기 때문에,
의미단위 안의 단어를 모두 이어서 말하면
유창하게 들릴 뿐 아니라 내용도 이해하기 쉬워진다.

제 3 장

매끄럽게 이어지는
영어의 소리,
'연음'을 이해하라

영어의 소리는
'흐르는 강물처럼' 멈추지 않는다

'강물'처럼 흐르는 영어 vs. '웅덩이'처럼 갇힌 영어

이번에는 영어의 소리에 대해 이야기를 해보도록 하겠습니다. 원어민과 한국인은 영어의 소리에 대해 전혀 다른 이미지를 가지고 있습니다. 그리고 그 이미지의 차이가 결정적으로 표면화되는 것이 스피킹 스타일입니다.

우선 원어민은 '영어는 끊어지지 않고 매끄럽게 흐르는 소리'라는 이미지를 가지고 있습니다. 이런 이미지는 태어났을 때부터 영어를 끊임없이 듣고 자라며 완성된 것입니다. 한마디로 원어민이 귀로 익힌 영어 단어는 끊어지지 않고 서로 붙어 있습니다.

반면, 한국인의 영어 학습 과정을 보면 주로 글로 된 교재를 눈으로 보면서 영어를 공부합니다. 그렇기 때문에 한국인의 머릿속에서 '영어는 단어를 기준으로 각각 분리되어 있다'는 이미지로 인식됩니다. 이 이미지가 영향을 미쳐 한국인은 영어를 단어마다 끊어서 말하기 쉽습니다. 영어를 잘하든 못하든 이렇게 말하는 경향이 있습니다. 그래서 한국인의 영어 소리는 각 단어에 갇혀 소리가 흐르지 못하고 끊어지고 맙니다.

이런 영어를 원어민이 듣는다면 자신들의 이미지와 전혀 다른 스타일로 말하는 방식 때문에 내용을 이해하기 어렵고, 대화에 너무 집중하느라 지치거나 답답해할 수도 있습니다.

일상이나 학교에서, 혹은 업무상 중요한 자리에서 자신이 말할 때마다 듣는 사람을 짜증나게 만들 수도 있다고 생각해 보세요. 생각만으로도 무서운 일입니다.

그렇다면 원어민처럼 생각하면 된다

하지만 괜찮습니다. 원어민의 소리 이미지를 생각하며 끊어지지 않는 매끄러운 흐름을 만들면 이 문제는 해결할 수 있기 때문입니다.

이 문제를 해결하면 여러분의 영어 커뮤니케이션에는 적어도 3가지 변화가 나타납니다. 먼저 스피킹이 유창해지고 자신감이 생깁니다. 그러면 상대방은 그에 반응해 이야기의 내용을 편안하게 이해할 수 있습니다. 둘째로, 영어 본래의 끊어지지 않는 소리로 말할 수 있다는 것은 같은 소리를 알아들을 수 있다는 것을 의미합니다. 즉, 여러분의 리스닝 실력도 향상됩니다. 셋째로, 스피킹에서 범하기 쉬운 문법상의 실수가 놀라울 만큼 개선됩니다.

연음 Linking 이란?

우선 일상적으로 많이 등장할 것 같은 간단한 대화를 봅시다.

A: The party starts at nine?
B: She sedate.

'파티는 9시부터 시작되죠?'라는 A의 질문에 B가 대답하고 있는 대화입니다. B는 She 다음에 2개의 단어를 말하고 있는데, 그 두 단어를 각각의 철자가 아니라 단어의 사이가 끊어지지 않고 발음된 소리대로 sedate라고 표시해 두었습니다. 그렇다면 B가 뭐라고 대답했는지 짐작되시나요? B의 대답은 바로 '그녀는 8시라고 했어', 즉 'She said eight'입니다.

이것이 바로 한국인과 원어민의 영어 소리에 대한 이미지 차이입니다. 한국인들은 said eight이라고 끊어진 소리로 말하고, 이렇게 듣습니다. 하지만 원어민들은 sedate이라고 단어와 단어가 끊어지지 않게, 연속적인 흐름으로 소리를 내며, 상대방도 그렇게 답할 것이라고 예상합니다. 이렇게 계속 이어지는 소리의 흐름을 '연음 Linking'이라고 합니다.

- 평소 여러분이 연음을 잘하고 있는지 아닌지는 쉽게 확인해 볼 수 있습니다. 다음의 두 문장을 평소 영어로 말할 때처럼 말해 보십시오(휴대전화 등을 이용해 녹음해서 확인해 보면 가장 좋습니다.).

  - I'd like an ice cream.
  - I'd like a nice cream.

두 문장이 똑같이 발음되었나요? 두 문장이 완전히 똑같은 하나의 긴 단어처럼 들렸다면, 연음 테크닉을 잘 사용하고 있다는 증거입니다.

연음된 문장의 특징

연음의 특징을 간단한 예문을 통해 보다 상세히 살펴보도록 합시다.

It's a grade A.

한국인이 이 예문을 말했다고 합시다. 그러면 적힌 대로 단어마다 끊어서 띄엄띄엄 말하는 경우가 많습니다. 특히 독해를 중심으로 영어를 학습해 온 사람에게 이런 경향이 더욱 뚜렷하게 나타납니다. 앞서 이런 한국인의 영어를 '튀어 오르는 팝콘' 같다고 말씀드린 바 있습니다.

한편 원어민은 어떻게 말할까요? 원어민은 이 예문을 단어마다 끊지 않고 하나의 긴 단어처럼 연음하여 말합니다.

It'sagradeA.

그래서 단어 사이의 소리가 연음되면, 아래의 두 예문이 거의 같게 들립니다.

It's a grade A. 최고 품질이군요.

It's a gray day. 오늘은 날씨가 흐리군요.

연음된 문장은 신축성과 점착성이 있는 껌처럼 이어져 있다는 이미지를 떠올리면 이해하기 쉽습니다. 그리고 하나로 이어진 소리는 간격을 두고 쓰인 영단어와는 다른, 완전히 새로운 단어 같은 발음으로 바뀌는 것입니다.

이러한 이미지를 가지고 연음을 바르게 사용하면 회화가 유창해질 뿐아니라, 청취 능력도 비약적으로 향상됩니다. 왜냐하면 영어가 잘 안 들리는 원인이 연음에 대한 이해 부족일 때가 많기 때문입니다.

☞ 정리합시다

- ☑ 단어와 단어가 끊어지지 않게, 매끄러운 소리의 흐름으로 영어를 말하는 방법을 '연음'이라고 한다.

- ☑ 연음을 하게 되면 마치 새로운 단어인 것처럼 발음이 변한다.

- ☑ 연음을 잘 이해하고 사용하면, 말하기와 듣기를 더 잘하게 된다.

연음의 종류

연음의 3가지 종류

연음에는 크게 '모음과 모음', '모음과 자음', '자음과 모음', '자음과 자음'을 연결하는 네 가지 종류가 있습니다. 이 중에서 '모음과 자음'의 연음은 한국인에게 별 문제되지 않으므로, 여기서는 그 외 세 종류의 연음에 대해서만 살펴보도록 합시다.

❶ 모음과 모음의 연음

먼저 예문을 보십시오.

I often watch a movie on Saturday.
난 토요일에 자주 영화를 본다.

이 예문을 '모음'과 '자음'으로 표시해 보면 아래와 같습니다.

I often watch a movie on Saturday.
모 모자자모자　자모 자　모　자 모자모모　모자　자자자모 자 모

이 예문에서는 I와 often, 그리고 movie와 on 사이가 '모음과 모음'의
연음이 됩니다. 모음과 모음이 연음된 결과, 두 단어는 연결되어 발음됩
니다. 이 연음이 잘 되지 않으면 한국인 특유의 팝콘 영어가 되어 버리니
꼭 연습하시길 바랍니다.

'모음과 모음' 사이의 연음을 매끄럽게 하기 위해서는 약간의 요령이
있습니다. 바로 연음되는 두 모음 사이에 자음 [y]와 [w]를 매개음으로
사용하는 것입니다. 먼저 [y]를 매개음으로 사용하는 예부터 보도록 합
시다.

[y]를 매개음으로 하는 것은 첫 단어의 끝이 [iy], [ey], [ay], [ɔy]*의 발
음으로 끝나는 경우입니다.

예문에서 I often의 경우를 보며 이 연음 방법을 확인합시다. I는 [ay]
발음으로 끝나며, 두 번째 단어 often의 모음 [ɔ]와 매끄럽게 연음시키기
위해서는 그 사이의 [y] 음을 의식해서 발음하도록 합니다.

그밖에 첫 단어의 마지막 발음이 각각 [iy], [ey], [ɔy] 음으로 끝나는
것에는 각각 we always, play it, boy inside의 예가 있습니다. 두 번째 단어

---

* 여기서는 국제발음기호를 사용하고 있지만, [iy], [ey], [ay], [oy]는 각각 [i:], [ei], [ai], [ɔi]로
　표기되는 경우도 있습니다.

의 모음과 연음할 때, 마찬가지로 [y]의 소리를 확실하게 발음하면 됩니다.

그럼 다음으로, [w]를 매개음으로 하면 잘 연음할 수 있는 예를 봅시다. 그것은 첫 단어의 끝이 [ow], [uw], [aw]의 발음으로 끝나는 모음끼리 연음되는 경우입니다.

이런 경우의 예시로 Go around를 살펴봅시다. Go의 끝 발음은 [ow]이고, 두 번째 단어 around의 모음 [ə]와 부드럽게 연음하기 위해서는 그 사이에 있는 [w]의 음을 의식해서 발음하도록 합니다.

그밖에 첫 단어의 마지막 발음이 각각 [uw], [aw]로 끝나는 예로 You ask, How are you가 있습니다.

[uw]의 발음으로 끝나는 예: **You ask**
[u wask]

[aw]의 발음으로 끝나는 예: **How are you**
[ha war]

두 번째 단어의 모음과 연음할 때, 확실하게 [w] 음을 매개음으로 의식해서 발음하면 자연스럽게 연결할 수 있습니다.

❷ 자음과 자음의 연음

한국어의 단어 끝은 자음의 경우 하나의 소리로 끝납니다. 단어의 끝이 자음만 여러 개 연이어 붙어서 소리 나는 경우는 없는데, 영어 단어와 문법에서는 흔하게 사용됩니다. 영어 단어는 한국어에서 쓰이지 않는 자음(live, math)으로 끝나거나, 또는 두 개의 자음(perfect, send), 세 개의 자음(asks, amounts)으로 끝나기도 합니다. 심지어 'She often asks project questions'와 같이 이어지는 두 개의 단어가 연음되면서 더 많은 수의 자음을 연이어 발음하기도 합니다.

그래서 한국인들은 영어를 말할 때 종종 한국어 방식 그대로 단어의 끝을 발음하곤 합니다. 다시 말해 maps를 map으로, 단어 끝의 자음을 종종 생략하고 발음하지 않는 것이죠. 한국어는 한 개의 자음만 소리내기 때문에 [p]만 발음하는 것인데, 원어민들은 지도 한 개를 얘기하는지 여러 개를 얘기하는지 도무지 알 수 없어 합니다. 마찬가지로 phoned는 phone으로만 발음해서 과거형이란 것을 알 수 없게 되기도 하죠. 재미있는 예로 'My mind is working on the book'에서 mind[maind]의 -d 음을 발음하지 않으면 그와 같은 발음인 동음이의어로 인해 'My mine[main] is working on the book'으로 전혀 다른 뜻이 되어 버리기도 합니다. 광산Mine을 소유하고 있는데 그 광산이 책 작업을 열심히 하고 있다고 말하는 우스꽝스러운 꼴이 되어 버리죠.

저는 한국 학생들에게 모든 자음을 제대로 발음할 수 있도록 지도하고 다음 단어와 연음하는 특별한 방법을 사용하도록 가르쳐서, 무엇을 말하는지 명확히 하고 더 정확한 문법을 구사하도록 변화시키고 있습니다.

이제부터는 영어 연음의 원칙을 설명하려고 합니다. 한국인에게는 그렇게 큰 문제가 되고 있지는 않으나 확실히 짚어두는 것이 좋겠습니다.

같은 예문을 다시 검토하겠습니다.

I often watch a movie on Saturday.
모 모자자모자   자모 자   모   자 모자모모   모자   자자자모 자 모

이 문장에서 often과 watch, 그리고 on과 Saturday 사이에서 '자음과 자음'의 연음이 일어납니다. 이 연음을 잘하기 위해서는 앞 단어의 끝 자음을 발음할 때 이미 뒤에 있는 단어의 시작 자음을 발음할 준비를 하고 있는 게 중요합니다. 즉, often의 끝 자음 n을 발음할 때 이미 입술을 동그랗게 하기 시작해서 watch의 시작 자음인 w를 발음할 준비가 되어 있어야 합니다. 또, on의 끝 자음인 n을 발음할 때 혀는 이미 s를 발음하는 위치로 움직이고 있어야 합니다. 이런 발음 방법으로 자음과 자음의 연음을 끊지 않고 연결하는 것입니다.

간단한 예문을 두 개 정도 더 살펴봅시다.

(A) That's a big problem. 그거 큰 문제다.

(B) Ask me tomorrow. 내일 나한테 물어봐.

(A)의 예에서는, big과 problem 사이에서 자음과 자음의 연음이 일어납니다. big의 마지막 g가 발음될 때, 혀는 입 안의 뒤쪽에 있지만 이미 입술은 problem의 p를 발음하기 위해 다물려고 하고 있습니다. (B)의 예에서는, Ask와 me 사이에서 자음끼리의 연음이 일어납니다. Ask의 k가 발

음될 때 혀는 입 안의 뒤쪽에 있지만, me의 m을 발음하기 위해 입술을 닫기 시작하고 있습니다. 이렇게 다음 단어의 앞 자음을 발음하기 위한 준비를 하고 있는 것이 연음을 확실히 하기 위한 열쇠입니다.

❸ 자음과 모음의 연음

'자음과 모음'의 연음은 한국어에도 존재하지만 영어와는 성격이 달라 어렵게 느껴질지도 모릅니다. 하지만 그래서 이 연음이 잘 되면 상대방에게 세련된 영어를 구사한다는 인상을 줄 수 있습니다. 이 연음을 잘하기 위해서는 첫 번째 단어의 끝 자음을, 두 번째 단어 앞 모음으로 이동시켜 발음합니다. 그 결과, 연음한 끝 자음과 두 번째 단어는 새로운 단어처럼 발음됩니다. 마지막으로 한 번 더 앞에 사용했던 예문을 봅시다.

I often watch a movie on Saturday.
모 모자자모자 자모 자 모 자모자모모 모자 자자자모 자모

이 예문에서는 지금까지 보아온 연음 외에도 watch와 a 사이에서 '자음과 모음'의 연음이 일어나서, watch의 끝 자음 tch가 다음 단어의 a 쪽으로 이동해 tcha로 발음됩니다.

자주 사용되는 회화문에서 '자음과 모음'의 연음을 찾아봅시다.

I sent an email on Tuesday. 난 화요일에 이메일을 보냈어.

이 문장의 3곳에서 자음과 모음의 연음이 일어납니다. 그것을 표시하면 다음과 같습니다.

I sent a n email on Tuesday.
        ta   ne   lo

세 곳 모두 연음된 결과, 자음이 모음으로 이동하여 발음됩니다. 즉, t가 a 쪽으로 이동해서 ta가 되고, n이 e 쪽으로 이동해서 nemail이 되고, l이 o 쪽으로 이동해서 lon으로 발음하게 됩니다. 끝으로 한 번 더 강조하겠습니다. 중요한 것은 연음이 되어 새로운 단어처럼 발음이 변한다는 것입니다.

👉 정리합시다

☑ '모음과 모음'의 연음: 자음 [y]와 [w]를 2개의 모음 사이에 매개음으로 사용하면 좋다.

☑ '자음과 자음'의 연음: 앞 단어의 끝 자음을 발음할 때, 다음 단어의 첫 자음을 발음할 준비를 하고 있도록 한다.

☑ '자음과 모음'의 연음: 앞 단어의 끝 자음이 뒤에 있는 단어의 첫 번째 모음 쪽으로 이동해서 새로운 단어처럼 발음이 변한다.

연음의 효과와 오해

연음은 단순히 발음의 문제다?

단지 원어민처럼 유창하게 말하기 위해서 연음을 해야 한다고 생각하면 큰 오산입니다. 앞에서 바르게 연음된 문장이야말로 원어민이 영어를 들을 때 가장 자연스러운 문장이므로 더 이해하기 쉽다는 것을 말씀드렸습니다. 하지만, 연음의 효과는 이뿐만이 아닙니다.

연음을 할 수 있으면 영어로 말할 때 사소한 문법적 실수가 줄어들고 듣기 능력도 향상되는 부가적인 성과를 얻을 수 있습니다. 여기서는 연음의 또 다른 효과에 대해 상세하게 살펴보도록 합시다.

먼저, 영어 듣기 시험을 경험해 본 분은 아시겠지만, 청취할 때 가장 어려운 점은 단어가 연음되어 지금까지 들어 본 적 없는 새로운 단어의 발음으로 변해 버린다는 것입니다. 시험장에서는 자신이 모르는 최고 난이도의 단어인가 해서 포기했는데, 막상 나중에 해답을 보면 별것 아닌 쉬운 두 단어가 연음된 경우였던 적 많으실 겁니다.

그런데 속수무책으로 못 알아듣던 연음도 회화에서 본인이 말할 수 있게 되면 들을 때도 문제없이 알아들을 수 있습니다. 영어 문장을 매끄럽게 연음해서 발음할 수 있으면 스피킹 실력이 유창해질 뿐 아니라 청취력도 좋아집니다.

반면 연음을 제대로 하지 못하면 맞는 영어도 틀렸다는 오해를 받는 억울한 상황도 벌어집니다. 자신은 정확한 문법으로 확신을 갖고 말했는데 원어민 귀에는 정확하게 들리지 않아 중학교 수준의 영어도 틀린다는 오해받을 수 있다는 사실! 자, 이건 도대체 어떻게 된 일일까요?

과거형을 사용했는데 들리지 않는다

가장 흔한 예는 과거에 일어난 일을 말할 때, 본인은 동사의 과거형을 제대로 말했다고 생각했으나 상대방 원어민에게는 그렇게 전달되지 않은 경우입니다. 아시다시피 동사에는 현재형, 과거형, 과거분사형이 come-came-come처럼 불규칙하게 변화하는 '불규칙동사'도 있지만, 대부분의 동사는 끝에 -ed를 붙여 과거형이나 과거분사형을 만드는 '규칙동사'입니다. 그리고 -ed를 붙이면 자음 [t] 또는 [d]의 발음이 됩니다. 예를 들어 자음 [t] 음이 되는 것에는 worked가 있고, [d] 음에는 planned

가 있습니다. 이쯤에서 이 단어들이 포함된 예문을 봅시다.

(A) I worked all night. 전 밤새 일했어요.
(B) They planned a party. 그 사람들은 파티를 계획했습니다.

예문 (A), (B)의 worked all와 planned a 부분에 각각 주목해 주세요. 예문 (A)에서는 worked의 끝 자음 [t]와 all의 첫 번째 모음이, 예문 (B)에서는 planned의 끝 자음 [d]와 다음 단어의 모음 a가 연음되어야 합니다. 이것들은 '자음과 모음'의 연음이기 때문에 앞에서 배운 대로, 자음 [t]가 all 쪽으로, 자음 [d]가 a 쪽으로 이동하고, tall과 da라고 발음하게 됩니다.

그런데 이들 연음 부분을 끊어서 말해 버리면, 과거임을 나타내는 중요한 자음 [t], [d] 음이 다음에 오는 발음하기 쉽고 강조되기 쉬운 모음 앞에서 거의 들리지 않게 됩니다. 그래서 본인은 과거형으로 제대로 말했

는데도 원어민에게는 잘 전달되지 않아 커뮤니케이션에 지장을 초래하는 경우가 종종 있습니다. 여러분이 영어로 말하는 것은 외국인의 입장이라고는 하나, 만약 그 자리가 중요한 비즈니스 회의라면 중학교 수준의 문법 기초도 되어 있지 않은 듯한 오해는 피하는 것이 좋지 않을까요? 따라서 이런 안타까운 상황을 피하기 위해서라도 연음을 제대로 하는 것이 매우 중요합니다.

S 음이 들리지 않는다

연음하지 않고 말할 때 문법에 문제가 생기는 것은 동사의 과거형뿐이 아닙니다. 영문법에서 가장 중요한 발음 중 하나인 s 음을 확실하게 발음하는 것도 어려워집니다. 여기에서 말하는 s 음이란 가산명사의 복수형 -s, 동사의 3인칭 단수형에 붙는 -s를 말합니다. 그 발음은 [s] 혹은 [z]가 됩니다. 예문을 보십시오.

(A) **It helps a lot.** 많은 도움이 되었습니다.

(B) **The stores are closed.** 그 가게들 문이 닫혀 있습니다.

예문 (A)의 helps와 a, 그리고 예문 (B)의 stores와 are 부분에 주의해 주십시오. 이들 단어 사이에 '자음과 모음'의 연음이 일어나게 됩니다. 즉, helps에서 자음 [s]가 다음의 모음 a 쪽으로, stores의 자음 [z]가 다음 단어 are 쪽으로 각각 이동하여 sa 그리고 zare라고 마치 새로운 단어처럼 발음되게 됩니다.

그런데 만약 이 연음이 제대로 이루어지지 않으면 어떻게 될까요? 앞서 든 예와 마찬가지로 이 예에서도 단어마다 끊어서 발음해 버리면, 본인은 발음을 제대로 했음에도 불구하고 이어지는 모음의 음에 방해를 받아 [s]와 [z] 음이 잘 들리지 않게 되고, 원어민은 이를 발음하지 않았다고 받아들이게 됩니다.

따라서 연음을 회화의 부수적인 부분이라고 생각하지 말고, 반드시 연습을 통해 자연스러운 영어의 흐름을 몸에 익혀 놓도록 합시다(이 장의 마지막 Review에서는 일상생활에서 자주 쓰는 예문을 발췌해 놓았으니, 꼭 도전해서 실용적인 청취에 익숙해지는 기회로 삼아 주세요.).

👉 정리합시다

- ☑ 자음과 모음의 연음을 제대로 하지 않으면 회화에서 기본 문법(과거형, 복수형, 3인칭 단수)이 틀리게 들릴 가능성이 있다.

- ☑ 연음을 이해하지 않은 상태에서 청취력 향상은 불가능하다.

✦ 한국식 영어 탈출법 3 ✦

　한국어에서도 단어의 음절을 연음해서 마치 새로운 단어처럼 발음이 변하는 경우가 있긴 하지만 영어와는 좀 다릅니다. 보통 한국어는 또박또박 분명하게 잘 말하는 것이 바람직한 말하기 방식이기 때문에 발음을 뭉개고 웅얼거리는 것을 피하려는 습관이 있습니다. 따라서 한 문장 안에서 물결같이 소리가 계속 이어져 흐르는 영어와는 기본적인 관점이 달라 영어의 연음을 많은 분들이 어려워합니다. 하지만 연습으로 충분히 극복해 나갈 수 있습니다. 그 외에도 한국어를 말하는 습관이 무의식적으로 간섭해서 연음을 방해하는 두 가지 경우가 있습니다. 약간만 주의하면 쉽게 고칠 수 있는 문제이니 지금 바로 해결해 버립시다.

한국어 발음의 숨겨진 영향

우선 첫 번째 문제는 한국어의 일부로 사용되고 있는 외래어 발음이 연음에 미치는 영향입니다.

예를 들면 'wedding march'라는 표현을 봅시다. 한국어에서는 '웨딩 마치가 울려 퍼지고 있을 때' 등으로 사용되기도 합니다. 또한 'lunch'라는 단어는 '런치 스페셜'처럼 한국어의 일부로 거의 정착되어 많이 사용되고 있습니다. 이렇게 일상의 일부가 된 단어들은 자연스럽게 영어의 연음에 악영향을 미치게 됩니다.

두 단어 march와 lunch는 모두 자음 [tʃ] 음으로 끝납니다. 그런데 한국어의 외래어로 '(웨딩) 마치'나 '런치'라는 한글 표기 그대로 발음하거나, 그래도 영어 그대로 발음하려고 노력해 '(웨딩) 마취'나 '런취' 등으로 말하는 경우가 많습니다. 특히 '마취[ma-tʃi]'와 '런취[lʌn-tʃi]'의 경우는 본인이 틀린 소리를 내고 있다는 것조차 모르는 경우가 대부분입니다. '취[tʃi]'라고 확실하게 발음하고 있으니까요.

하지만, 코미디 프로그램이나 영화에서 배우가 '촷! 촷!' 하면서 주먹을 휘두르며 권투 선수 흉내를 낼 때의 소리나 어처구니가 없어 코웃음을 '칫…' 할 때 나는 짧은 소리처럼, '취'에서의 'ㅟ'나, '치'에서의 'ㅣ' 같은 모음을 붙이지 않고, 그러니까 모음에 의해 성대가 울리는 것이 아니라 무성음으로 초성 자음 소리만 내고 공기만 뿜어져 나와야 올바른 발음입니다. 그러나 한국어에 비슷한 '취' 음이 있기 때문에 익숙한 한국식으로 발음하기 쉽죠.

비슷한 예로, victory는 '빅토리'로 쓰고 그대로 'ㅂ'으로 발음하기도 합니다. 한국에서 'A4 용지 주세요' 할 때 '[ei four]주세요' 하지 않고 '에이포 용지 주세요' 하는 것도 마찬가지입니다. 가장 흔한 예는 아무래도 film입니다. f도 lm도 영어 그대로 발음하는 것이 아니라 '필름'으로, 'ㅍ'자 그대로 혹은 'ㅍ'은 f로 바꾸더라도 '름'은 lm이 아닌 한국어 그대로 '_' 모음을 하나 더 넣어서 '름'으로 발음하는 것입니다.

이렇게 한국어 발음의 영향을 받는 일이 많기 때문에 외래어나 외국어를 만났을 때 한국어로 익숙해져 버린 발음이 아니라 본래의 영어 발음을 하도록 의식하는 게 중요합니다.

게으르게 들리는 생략되는 발음

두 번째 문제는 한국어의 '학교[hakgyo →ha kgyo]'처럼 자음이 여러 개 이어져 있는 일과 연관 있습니다.

한국인은 영어의 자음이 여러 개 이어지면 무의식적으로 생략해 버리거나, 편한 대로 발음해 버리는 경향이 있습니다. 예를 들어 'He helps me(그가 나를 도왔어)'의 경우 s 음을 생략하고 발음하지 않는 경우가 심심치 않게 있는데 이는 -s의 앞뒤에는 p와 m이라는 자음이 있고 이들 자음이 연속적으로 등장하기 때문입니다.

'She helped me(그녀가 나를 도왔어)'도 좋은 예입니다. [t]라고 발음되는 helped의 -ed 앞뒤에는 l, p, m의 자음이 연속되기 때문에 과거형을 표현하는 중요한 [t]의 음을 생략하고 맙니다.

'She finished some tasks'도 위에 언급한 [t], [s]의 경우가 모두 들어 있는 좋은 예입니다.

다음은 한국인이 자주 생략하거나 임의로이 발음하는 음들을 예로 들어 놓은 것이니 평소에 이런 습관은 없는지 확인해 봅시다.

- **[t] 발음**: management, perfect, accountant   [끝의 t 발음 생략]
  finished, watched   [끝의 t 발음 생략 또는 d로 발음]

- **[d] 발음**: send, friend, hold, used   [끝의 d 발음 생략]

- **[s] 발음**: costs, tasks, helps, starts   [끝의 s 발음 생략]

- **유성음 뒤 s의 [z] 발음**:
  builds[z], seems[z], plans[z], drives[z] [끝의 z 발음 생략 또는 s로 발음]

한국어와는 달리 영어에서는 어미에 자음이 여러 개 사용되는 경우가 많습니다. 그만큼 어미의 자음은 중요합니다. 원래 발음되어야 할 자음을 생략해 버리면 듣는 사람이 이해하기 어려워지는 데다가 말하는 사람이 게으름을 피우는 느낌마저 듭니다. 어쩌면 이제껏 아무도 이런 얘기는 해 주지 않았을지도 모르지만, 상대 원어민의 솔직한 속마음은 그렇습니다.

이 문제를 해결하려면 자음과 자음의 연음 부분에서처럼 앞의 자음을 발음하고 있을 때 다음에 오는 자음 발음의 입모양을 미리 준비하고 매끄러운 연음을 하도록 의식적으로 연습해 주세요.

1 다음의 6개 문장에서 자음과 모음의 연음이 일어나는 곳은 어디일까요?

01   You brought up a couple interesting points.

02   I appreciate all your hard work on the project.

03   I had a great experience in Chicago.

04   Here's some information about our company.

05   Please visit our website and click on the 'contact us' button.

06   How much is a ticket for the concert on Friday?

2 각 문장은 두 개의 단어가 연음된 부분이 같은 발음의 다른 단어로 바뀌어 쓰여 있습니다. 원래의 두 단어가 무엇일지 괄호 안에서 고르세요.

01   I were card every day.
     (were, work, hard, are)

02   According to the survey, foreign ten hotels had dirty rooms.
     (for, four, reign, in)

03   The campers will be sleeping intense.
     (ten, tense, in, tents)

04   What did you fine doubt?
     (find, final, five, out)

05   He keeps looking, but he see snow man in the park.
     (sees, is, no, now)

06   Her best friend is Sue. When she talks with sushi laughs.
     (so, Sue, shy, she)

▶정답 및 해석은 권말에

영어에는 독특한 멜로디가 있다.
그 멜로디는 이야기의 의도와
깊은 관련이 있기 때문에 이를 제대로 알고 쓸 수 있어야
영어 말하기 실력이 늘어난다.
영어에 멜로디를 얹으면 한국어 억양이 대부분 사라지고
한층 향상된 회화가 가능해진다.

제 4 장

영어의 멜로디와
그 안에 숨은 의미를 파악하라

영어의 멜로디 vs.
한국어의 멜로디

영어는 '멜로디'가 있다

이번 장에 들어가기에 앞서 3장의 내용을 다시 한번 기억해 봅시다. 의미단위 속에서 단어끼리는 연음으로 연결되어 있다고 했습니다. 그리고

나란히 늘어서 있는 단어가 늘어나기도 하고 줄어들기도 하는 신축성을 가지면서 서로 붙어 있는 게 '껌'과 같은 성질을 지녔다고 했습니다. 연음을 익히면 듣는 이가 이해하기 쉽고 말하는 것도 쉬워집니다. 그뿐 아니라 청취 실력

도 좋아지고 문법적인 실수도 개선된다는 부가적인 효과도 이미 말씀드렸습니다.

하지만 연음을 잘하는 것만으로는 충분하지 않습니다.

'연음'이 '가로 신축성'이라면, 영어에는 '세로의 폭'에 해당하는 것도 있습니다. 이 세로의 폭도 의미를 전달하는 데 매우 중요한 요소입니다. 원어민은 무의식중에 세로의 폭을 조정하면서 듣는 사람이 이해하기 쉽게 말하고, 이야기를 들을 때에는 말하는 사람이 세로의 폭을 조정하며 말할 거라고 예상하기 때문입니다.

그런데 한국어는 일반적으로 이 세로의 폭이 좁습니다. 그래서 한국인이 영어를 말할 때 한국어를 말하는 것과 같은 폭을 사용해서 말하면 영어가 매우 단조로워집니다. 또는 단조로워지지는 않더라도, 세로의 폭을 사용하는 방법이 영어와 달라서 듣는 이를 혼란스럽게 만드는 경우가 많습니다. 따라서 영어를 말할 때 원어민이 무의식적으로 조작하고 있는 세로의 폭을 한국인은 의식적으로 조정하며 말할 필요가 있습니다.

이 세로 폭의 변화는 문장을 말할 때 마치 음의 높이가 다른 음표처럼 기능하기 때문에 '멜로디Melody'라고 부르고 있습니다(이는 다른 말로 '억양 Intonation'이라고도 합니다.). 모든 언어는 저마다의 독특한 멜로디를 가지고 있어 멜로디를 정확하게 사용하는 것이 언어를 습득하는 데 중요한 열쇠가 됩니다. 따라서 이번 장에서는 영어의 멜로디가 회화에서 어떤 역할을 하는지와 실천 방법은 무엇인지 살펴보겠습니다.

영어의 '음표와 멜로디'가 '문법'보다 중요하다고?

자, 여러분은 영어로 말할 때 무엇을 가장 신경 쓰십니까? 이 질문에 대해 한국인들은 ①문법, ②단어, ③발음이라고 응답했습니다. 이 조사 결과에서 알 수 있듯이 '글로 쓰인 것'을 중심으로 공부해 온 한국인은 말할 때조차 똑같은 학습 방법을 적용해 '문법'이나 '단어 선택'에 몰두하는 경향이 있습니다.

하지만 영어 회화에서 가장 중요한 것이 정말 문법일까요? 그렇지 않습니다.

오히려 상상 이상으로 중요한 역할을 하는 것이 바로 영어를 말할 때의 '음의 높이', 즉 '톤Tone의 변화'입니다. 이 '톤의 변화'가 바로 영어가 연주하는 '멜로디'입니다. 올바른 멜로디로 말하는 것이 올바른 문법을 사용하는 것보다 중요합니다. 이 점을 눈치채지 못하면 여러분의 회화 능력을 키우는 데 한계가 있다고 해도 과언이 아닙니다.

회화를 할 때 문법에 문제가 없고, 단어도 완벽하게 발음할 수 있는 A가 있다고 가정합시다. 하지만 A가 영어의 멜로디를 사용해 말하지 않는다면, 아쉽게도 A의 영어는 원어민들이 알아듣기 매우 어렵습니다. 심지어 A는 영어로 말하고 있는데도 자세히 듣지 않으면 원어민의 귀에는 한국어로 들릴 수도 있습니다. 반면에 바른 영어 멜로디를 완벽하게 구사할 수 있는 B가 있다고 합시다. 간혹 B가 말하는 영어의 문법이나 단어의 발음이 다소 부정확해도 원어민들은 A보다 B의 말이 더 이해하기 쉽다고 느낍니다.

멜로디만으로 상대방이 이해할 수 있다니 과장하는 것처럼 들리나요?

여러분이 이런 의구심을 갖는 이유는 한국의 영어교육이 영어 멜로디의 중요성을 전혀 강조하지 않고 있기 때문입니다. 학교에서 영어를 배울 때 '문법'만을 강조해 왔기 때문에 문법을 가장 중요하게 여기고, '멜로디'의 중요성을 가르치지 않았기에 멜로디는 부차적인 것으로 치부하는 편견이 생기게 된 것이죠. 하지만 '문법' 중심의 영어 교육은 스피킹으로 이어지지 않는다는 것은 이미 명확하게 판명된 사실입니다.

영어 멜로디를 둘러싼 또 하나의 오해는 영어 멜로디는 단순히 '유창하게 말하기 위한 것'이라는 오해입니다. 하지만 여러분이 영어 멜로디를 마스터해야 하는 배경에는 그런 표면적인 이유를 초월한 중요한 두 가지 특징이 있습니다.

> **영어 멜로디의 알려지지 않은 두 가지 특징**
>
> - 이야기 내용에 관한 힌트가 숨겨져 있기 때문에, 듣는 사람이 이해하기 쉬워진다.
> - 무의식적으로 간섭하게 되는 한국어 멜로디가 단번에 사라져, 한국어 억양이 급격히 감소한다.

영어와 한국어의 멜로디 차이

그럼 이 중요하고도 중요한 영어의 멜로디를 실천하기 위해 먼저 한국어와 영어의 톤 그리고 각각의 언어가 연주하는 멜로디의 차이에 대해 살펴봅시다.

톤은 성대를 1초 동안 75~400회 진동시켜서 생깁니다. 1초간의 진동 수가 많으면 많을수록 음은 높아집니다. 이렇게 발생한 톤을 각각 변화시켜 조합함으로써 멜로디가 만들어집니다.

예를 들면 한국어의 예문 '그건 훌륭한 프레젠테이션이었습니다'를 말한 멜로디는 특별히 개발된 스피치 소프트웨어로 보면 다음과 같은 그래프가 됩니다.

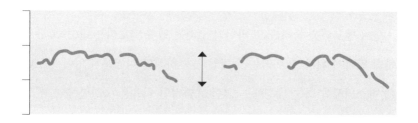

화살표로 나타낸 톤의 음역을 보십시오. 선이 끊어져 있는 부분은 다른 스피치 능력 판정에 사용되겠지만 여기서는 관계가 없습니다. 선이 한국어 멜로디이고, 화살표가 그 음역입니다.

그럼, 다음으로 영어의 예문 'That was an excellent presentation'을 한국인이 말하면 어떻게 될까요?

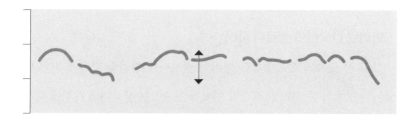

앞서 한국어 예문의 그래프와 비교해 보면 아시겠지만 양쪽 모두 같은 음역을 사용하고 있습니다.

그럼 같은 영어 예문 'That was an excellent presentation'을 원어민이 말한 그래프는 어떻게 될까요?

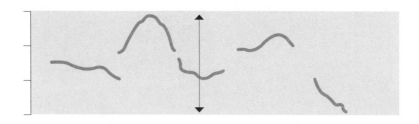

이 그래프에서는 한국인이 발음한 것보다 톤의 변화가 크고 사용하고 있는 음역이 넓다는 것을 알 수 있습니다. 이것이 올바른 영어 멜로디입니다. 영어 멜로디는 한국어보다 넓은 음역에 걸쳐 있습니다. 그렇기 때문에 한국인이 올바른 영어 멜로디를 습득하려면, 인위적으로 톤의 폭을 넓히는 연습을 할 필요가 있습니다.

☞ **정리합시다**

- ☑ 언어에서 음의 높이를 '톤'이라고 부른다. 이 톤을 음표라고 생각하고 음의 높이의 변화를 음표에 의해 연주되는 멜로디라고 생각하면 이해하기 쉽다.

- ☑ 영어 특유의 멜로디를 습득하지 않는 한 영어 말하기 실력 향상에는 한계가 있다.

- ☑ 영어 멜로디는 한국어보다 넓은 음역을 사용하기 때문에 톤의 폭을 넓히는 연습이 필요하다.

영어의 톤에 근접하는
두 가지 연습법

올바른 영어 멜로디로 말하려면 톤의 폭을 넓혀야 한다고 했는데, 지금부터 톤의 폭을 넓히는 매우 간단하고 효과적인 두 가지 방법을 소개하겠습니다.

그 두 가지 연습법은 각각, '톤 스텝Tone Step'과 '톤 슬라이드Tone Slide'라고 부릅니다. 둘 다 톤의 폭을 넓혀줄 뿐 아니라, 실제 영어에 존재하는 톤의 변화를 연습하는 것이기 때문에 회화에서 바로 향상된 실력을 확인할 수 있습니다. 조금 미심쩍다는 생각이 드실 수도 있습니다. 그래도 속는 셈 치고 꼭 해보세요. 음역이 좁은 말투에서 졸업할 수 있는 가장 확실한 첫걸음이 될 것입니다.

(1) 톤 스텝

영어는 다양한 높이의 톤으로 발음되지만, 편의상, '고음'과 '저음'의 두 가지가 있다고 가정하겠습니다. '톤 스텝'이란 그 고저를 의식하며 톤을 조절하는 연습입니다.

먼저, 같은 모음을 사용하여 저음에서 고음으로, 그리고 다시 고음에서 저음으로 톤 사이를 계단 오르내리듯 이동하는 연습을 합니다. '아[a]' 하고 가능한 한 낮은음을 3초 정도 소리 낸 뒤, 가능한 한 높은음으로 재빨리 이동해 '아[a]' 하고 3초 정도 소리 냅니다. 이번에는 반대로 '아[a]' 하고 가능한 한 높은음을 3초 정도 소리 낸 뒤, 가능한 한 낮은음으로 재빨리 이동해서 '아[a]' 하고 3초 정도 소리 내 봅니다. 그림으로 나타내면 다음과 같습니다.

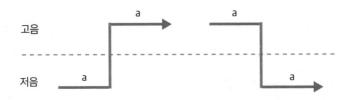

'톤 스텝'에서 '스텝'은 톤을 순간적으로 상하 이동하는 것을 의미합니다. 톤을 상하로 이동시킨다는 것은 목소리를 크게 하거나 작게 하는 것과는 다르므로 주의합시다. 또, 고음에서 저음으로 이동할 때는 맨 처음에 냈던 저음까지 확실하게 돌아가도록 주의합니다. '아[a]'를 연습한 후에는 '에[e]', '오[o]'로도 해봅시다.

동일한 모음을 사용한 톤 스텝을 할 수 있게 되면 다음은 저음과 고음에 각기 다른 모음을 사용하여 톤 사이를 이동하는 연습을 합시다. 예를 들면 [a-e], [e-a]와 같이 됩니다.

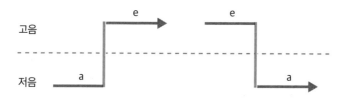

(2) 톤 슬라이드

톤을 재빨리 상하 이동해 변화시키는 톤 스텝과는 달리, 톤 슬라이드는 톤을 매끄럽게 이동시키는 것을 말합니다. 톤 슬라이드를 사용하여 가능한 톤의 폭을 부드럽게 이동시키고 범위를 넓혀가는 연습을 합니다. 톤 슬라이드는 특히 좁은 음역을 사용해 말하는 한국인이 단조로운 영어를 놀랄 만큼 개선해주는 방법입니다.

먼저 같은 모음을 사용하여 저음에서 고음으로, 그리고 고음에서 저음으로 톤 사이를 매끄럽게 이동하는 연습을 합니다. '아-[a]' 하고 가능한 한 낮은음에서 소리내기 시작하여 서서히 가능한 한 높은음 '아-[a]'까지 올립니다. 계속해서 이번에는 반대로, '아-[a]' 하고 가능한 한 높은음에서 시작하여 서서히 가능한 한 낮은음 '아-[a]'까지 내립니다. 톤 슬라이드는 톤 스텝과 달리 톤을 천천히 원만하게 상하 이동하는 것이 중요하다는 걸 잊으시면 안 됩니다. '에-[e]'와 '오-[o]'도 같은 방법으로 연습해 보시기 바랍니다.

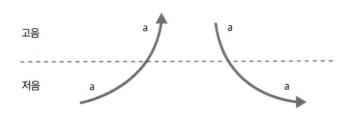

이번에는 단어 go와 man을 사용하여 톤 슬라이드 연습을 해봅시다.

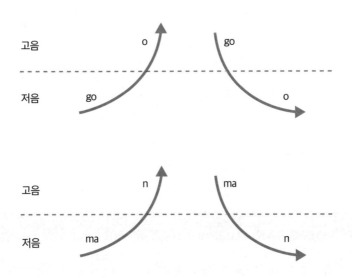

톤 스텝과 톤 슬라이드 연습에서 어렵지만 반드시 주의할 것은 '톤의 높낮이'와 '목소리의 크기'를 착각하지 말아야 한다는 것입니다. 한국어

에서는 톤과 볼륨이 같은 개념처럼 인식되어 있어서 이 차이를 인식하지 못하는 경우가 많습니다. 처음에는 목소리를 의식적으로 작게 하고 높이만 조절해야 톤을 높였다 내렸다 하는 것을 감각적으로 파악할 수 있게 됩니다.

👉 정리합시다

- ☑ '톤 스텝', '톤 슬라이드'란 한국어의 전형적인 좁은 톤의 폭을 넓히고 올바른 영어 멜로디에 익숙해지기 위한 효과적 연습 방법이다.

- ☑ 톤의 높낮이를 조절하는 것을 목소리 볼륨을 크고 작게 하는 것과 혼동하지 않도록 주의가 필요하다.

멜로디에는
숨겨진 의미가 있다

영어의 멜로디를 만드는 '포커스 워드Focus Word'

'톤 스텝'과 '톤 슬라이드' 연습은 어땠나요? 간단하지만 영어를 말하는 감각 자체를 자연스럽게 해주는 좋은 워밍업이 될 것입니다. 자, 이것으로 영어 멜로디를 익힐 준비는 거의 다 된 셈입니다. 하지만 아직 다음 두 가지 중요한 문제가 남아 있습니다.

1. 문장 속에서 어떻게 톤을 변화시켜 영어 멜로디를 만들어야 할까?

2. '멜로디에는 이야기 내용의 힌트가 숨겨져 있기 때문에 듣는 사람이 이해하기 쉬워진다'는 것은 어떤 뜻일까?

자, 지금부터 이 두 가지 질문에 답해 보도록 하겠습니다. 멜로디 만드는 법을 알려면 먼저 '포커스 워드'에 대해 알아야 합니다. 포커스 워드란 문장 속에서 중요한 정보를 갖는 핵심 단어(또는 구)이며, 다음과 같은 특징을 가집니다.

포커스 워드 Focus Word

- 모든 문장에 적어도 하나의 '포커스 워드'가 존재하며, 문장 속에서 중요한 정보를 갖는다.
- 어떤 단어든 포커스 워드가 될 가능성이 있으며, 말하는 사람이 문장의 어떤 단어에 듣는 사람의 주의를 끌고 싶은가에 따라 결정된다.
- 두 개 이상의 단어가 포커스 워드가 되기도 한다.
- 포커스 워드가 될 수 있는 품사는 보통 '명사, 동사, 형용사, 부사'이다.

그렇다면 포커스 워드는 멜로디와 어떤 관계가 있는 걸까요? 문장에서 포커스 워드는 높은 톤으로 말합니다. 그리고 그로 인해 일어나는 톤의 변화에 따라 영어 특유의 멜로디가 생겨납니다. 원어민은 중요한 정보를 갖는 포커스 워드에 무의식적으로 높은 톤을 사용함으로써 듣는 사람에게 보다 이해하기 쉬운 메시지를 보내게 됩니다. 또한 상대방도 문장 속에 그런 메시지가 있을 것이라는 예상을 하며 이야기를 듣습니다. 그렇기 때문에 포커스 워드를 높은 톤으로 말하는 원어민의 언어 인식 시스템을 배워 활용하면, 여러분이 하는 말을 상대방이 이해하기 쉽게 만들 수 있습니다.

포커스 워드가 만드는 멜로디

포커스 워드가 어떻게 멜로디를 만드는가를 예문으로 설명하겠습니다.

I am really busy. 나는 정말 바빠.

자주 사용되는 간단한 예문인데 포커스 워드는 어느 것일까요? 일반적으로 really가 말하는 사람이 듣는 사람에게 전하고 싶은 '중요한 정보를 가진 단어', 즉 '포커스 워드'가 됩니다. 그럼 이 예문을 한국인과 원어민이 말한 경우를 각각 비교해 보면 다음 그래프처럼 됩니다.

• 한국인

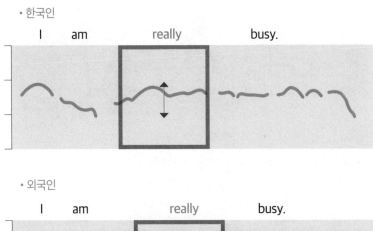

• 외국인

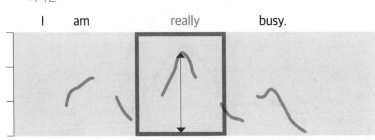

한국인이 말한 첫 번째 그래프에서는 포커스 워드가 다른 단어와 비교했을 때 그리 높은 톤으로 발음되지 않았습니다. 이에 비해 그 아래 원어민이 말한 그래프를 보면 포커스 워드가 문장 안에서 가장 높은 톤으로 발음되어 강조되고 있음을 알 수 있습니다. 또 사용되고 있는 음역도 한국인에 비해 매우 폭이 넓습니다. 포커스 워드는 이렇게 표현되어야 합니다.

예문을 몇 개 더 들어 볼까요? 일상 회화에서 자주 쓰이는 다음 문장들을 통해서도 '포커스 워드'의 높은 톤을 확인해 보시기 바랍니다.

- **It's an important point.** 그것이 중요한 요점입니다.
  → 형용사 important가 포커스 워드가 되며, 톤이 가장 높습니다.

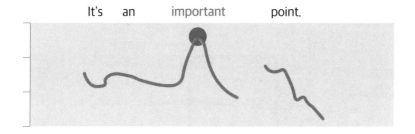

- **We enjoyed your visit.** 방문해 주셔서 정말 즐거웠습니다.
  → 동사 enjoyed가 포커스 워드가 되며, 톤이 가장 높습니다.

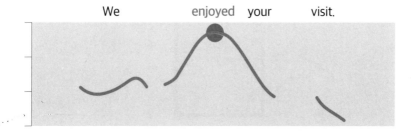

- **I have a question for you.** 질문이 있습니다.

  → 명사 question이 포커스 워드가 되며, 톤이 가장 높습니다.

I   have   a   question   for   you.

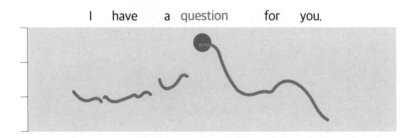

이렇게 짧은 문장에서는 하나의 포커스 워드가 높은 톤으로 표현되며, 이것이 영어 멜로디를 만들어 내는 결정적인 요소입니다. 중요한 정보가 높은 톤으로 표현되어 강조되기 때문에 듣는 사람이 이해하기 매우 쉬워집니다.

긴 문장의 멜로디 만드는 법

포커스 워드를 높은 톤으로 강조하는 것은 문장이 길어질수록 커뮤니케이션에서 더욱 중요해집니다. 긴 문장의 멜로디도 단문의 멜로디를 응용하면 쉽게 만들 수 있습니다.

우선 장문을 여러 개의 의미단위로 나눕니다. 1장에서 자세히 학습했듯이 의미단위란 '문장 속에서 문법 구조상, 혹은 의미상 한 덩어리가 된 단어의 그룹'입니다. 각각의 의미단위에는 하나의 포커스 워드가 있고 그것이 높은 톤으로 표현된다는 것을 잘 알아두셔야 합니다.

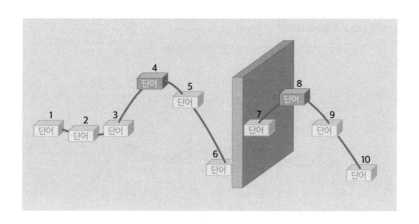

위의 그림을 볼까요. 숫자가 만들어 내는 곡선은 어떤 장문의 멜로디를 나타낸 것입니다. 이 장문은 두 개의 의미단위를 가지고 있으며, 그림에서는 칸막이로 나뉘어 있습니다. 즉, 1~6과 7~10이 두 개의 다른 의미단위입니다. 그리고 각각의 의미단위에 4와 8이 포커스 워드로 높은 톤으로 발음됩니다.

이처럼 의미단위마다 포커스 워드가 높고, 그 전후가 낮아지는 파형 패턴이 모든 긴 문장의 기본적인 멜로디입니다. 앞에서 배운 톤 스텝 연습을 생각하며, 여기 표시되어 있는 숫자를, One, Two, Three, Four, Five, Six …… 와 같이 왼쪽부터 연결해 말하면서 Four와 Eight에서 톤을 올려 긴 문장의 멜로디 감각을 익히십시오.

그럼, 예문을 통해 긴 문장의 멜로디를 구체적으로 확인해 봅시다. 예문 (A), (B)는 모두 쉼표를 기준으로 두 개의 의미단위로 나뉘어 있으며, 각 의미단위는 하나의 포커스 워드를 가지고 있습니다.

(A) In my view, the contract is problematic.

제 생각에는 계약에 문제가 있어 보입니다.

(B) For every purchase, you need to keep a written record.

모든 구매에 대해 문서로 된 기록을 보관하셔야 합니다.

먼저 예문 (A)는 의미단위 'In my view'와 의미단위 'the contract is problematic'으로 구성되어 있습니다. 각 의미단위의 포커스 워드는 my 와 problematic이 됩니다. 주의할 것은 problematic과 같은 복수의 음절을 가진 긴 단어에서는 포커스 워드의 높은 톤을 단어의 강세가 놓이는 부분과 겹치도록 해야 한다는 점입니다. 이 경우는 problemátic의 ma에 높은 톤을 두고 말하게 됩니다. 또, 예문 (B)는 두 개의 의미단위 'For every purchase'와 'you need to keep a written record'로 구성되어 있습니다. 그리고 every와 written이 각 의미단위의 포커스 워드가 됩니다.

예문 (A), (B)의 멜로디 파형 패턴을 그래프로 나타내면 다음 페이지의 그림과 같습니다. 긴 문장의 기본적인 파형 패턴 멜로디를 만들 수 있도록 이들 두 개의 문장을 사용하여 각 의미단위의 포커스 워드를 높은 톤으로 말하는 연습을 해봅시다.

In my view,　the contract is problematic.

For every purchase, you need to keep a written record.

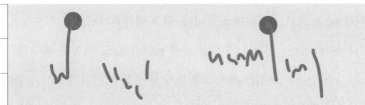

의미 전달을 돕는
특별한 멜로디

지금까지 배운 '영어 멜로디 만드는 법'의 기본만 알면 말하고자 하는 거의 모든 영어 문장에 응용할 수 있기 때문에 정말 편리합니다.

'거의 모든'이라고 한 이유는 이 기본 이외에 4가지 유형의 문장에 쓰이는 특수한 멜로디가 있기 때문입니다. 여기서는 그 4개의 멜로디 패턴에 대해 살펴보도록 하겠습니다. 이 중에는 이미 알고 계신 것도 있으리라 생각되지만, 지식보다는 실전에서 사용하는 것이 중요하므로 이번 기회에 다시 한번 복습해 두시길 바랍니다.

이미 배운 단문, 장문의 기본 멜로디와 함께 지금부터 소개하는 특별한 멜로디 패턴을 습득하면, 여러분의 영어 회화는 영어 본연의 멜로디를 타게 되며, 원어민이 이해하기 쉬운 매끄러운 영어 문장이 완성되는 것을 실감할 수 있을 것입니다.

❶ Yes/No 의문문의 멜로디

특수한 멜로디 패턴에는 첫 번째로, 대답이 'Yes' 또는 'No'가 되는 Yes/No 의문문이 있습니다. 이 유형의 의문문은 아시다시피 is, are, were, do, did, will, could 등으로 문장이 시작됩니다. 이런 의문문의 경우 문장의 마지막 톤이 높아집니다.

'Did you get my message?(제 메시지 받으셨어요?)'라는 예문을 한 번 살펴봅시다. 이 문장의 멜로디를 그래프로 나타내면 다음과 같습니다. 이 예문의 경우, message가 마침 포커스 워드라 그 단어의 톤이 높아질 것 같지만, Yes/No 의문문은 보통 포커스 워드가 없습니다. 다만 문장 끝부분의 톤이 올라가는 멜로디로 기억해 주세요.

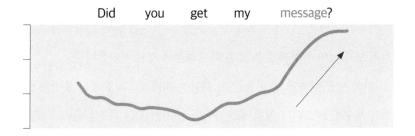

❷ wh-의문문의 멜로디

두 번째는 Yes/No가 아니라 대답으로 정보를 구하는 의문문에 사용되는 멜로디 패턴입니다. 이 타입의 의문문은 what, why, when, who, how 등으로 시작하는데, 주로 wh-로 시작하는 육하원칙(누가who, 무엇을what, 언제when, 어디서where, 왜why, 어떻게how) 의문사가 많아 '5W1H Five Ws and one H',

또는 'The Six Ws'라고도 불립니다. 이들 5W1H 의문문에서는 먼저 포커스 워드인 의문사에 높은 톤을 두고, 문장 끝부분은 톤을 낮춥니다.

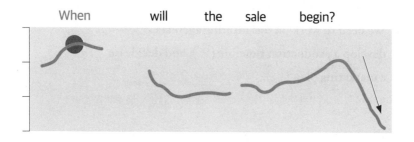

❸ 두 개 이상의 항목이 나열되는 문장의 멜로디

세 번째는 둘 이상 복수 항목을 단어나 구로 나열할 때 사용되는 멜로디 패턴입니다. 나열되는 각 어구 끝에 높은 톤을 사용하지만, 마지막 어구의 마지막 단어는 끝을 가장 낮은 톤으로 내립니다. 이 마지막의 낮은 톤은 듣는 이에게 일련의 항목을 다 말했음을 전하는 신호가 됩니다. 나열하는 항목이 둘 이상인 경우에만 사용된다는 것을 기억해 둡시다.

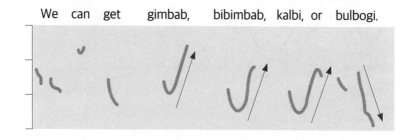

나열하는 항목이 여러 개의 단어로 이루어진 구의 경우도 요령은 똑같습니다.

We need to work on our meeting agenda (↗),
develop a production timeline (↗), and decide on
a marketing plan (↘).

우리는 회의 안건에 대해 작업하고, 생산 시간표를 개발해서, 마케팅 계획을 결정해야 합니다.

❹ 대비되는 어구의 멜로디

네 번째는 문장 안에 대비되는 어구가 존재할 때 사용되는 멜로디 패턴입니다. 대비되는 두 단어는 보통 같은 품사(명사, 형용사, 동사, 부사 등)에 속하며 그 단어에 높은 톤을 사용합니다. 아래 예문을 보면 대비되는 형용사인 large와 small이 각각 높은 톤으로 표현되고 있습니다.

👉 정리합시다

☑ 기본적인 멜로디를 만들어 내는 방법 이외에 4개의 특별한 멜로디 패턴이 있으며,
이는 영어 의사소통을 돕는다.

☑ 4개의 패턴이란, 문장 끝이 올라가는 'Yes/No 의문문', 문장 끝이 내려가는 '5W1H
의문문', 항목마다 올라갔다가 마지막 항목에서 내리는 '나열 문장', '대비되는 어구
를 올리는 문장'이다.

✦ 한국식 영어 탈출법 4 ✦

영어를 멜로디로 말하는 게 회화에서 얼마나 중요한지 한국인 영어 학습자들 대부분이 모르는 게 아닐까 하는 의구심이 들 때가 있습니다. 특히 문장 속의 중요한 정보를 강조하여 듣는 사람의 이해를 돕고 있는 멜로디가 단어 선택이나 문법의 정확함보다 훨씬 중요하다는 인식은 거의 없는 것 같습니다. 왜냐하면 한국인 영어 학습자들이 영어를 멜로디에 실어 말하는 경우가 극히 드물기 때문입니다.

그래서 멜로디의 중요성을 실감할 수 있도록, 말하는 사람이 멜로디를 사용하지 않아서 일어난 비극을 소개하려고 합니다. 이야기의 무대는 미국의 명문대학 하버드입니다. 기대하셔도 좋습니다.

멜로디 없는 비극

어느 겨울날의 일입니다. 하버드대학에서는 대학 내 한국학연구소가 주최하는 학회의 최종 준비로 바쁜 상황이었습니다. 이날 한국 대학이나 연구 기관에서 활동하는 한국인 연구원들이 초빙되어 연구 내용을 발표할 예정이었지요. 하버드대학이라고는 하지만 본고장에서 한국학을 연구하는 한국인 연구원에게는 각별한 경의를 표하고 있었고 이날도 예외 없이 현지의 교수, 대학원생들은 어떤 발표를 들을 수 있을까 하고 큰 기대에 차 있었습니다.

발표자인 3명의 한국인 연구원들은 모두 해외 경험이 풍부하고 그중 한 명은 영국에 있는 명문대학원에서 석사 학위를 취득한 사람이었습니다. 그 밖의 두 명도 한국의 명문 학교에서 석사 과정을 수료하고 국제학회에서 몇 차례나 영어로 발표한 경험이 있었습니다. 한편 발표를 듣는 쪽인 미국인들은 모두 한국학 분야의 연구원이었기 때문에 당연히 한국어에 통달한 사람들이었습니다. 그렇기 때문에 프레젠테이션은 한국어든 영어든 어느 쪽으로 해도 상관없었는데, 한국인 연구원 3명 전원이 영어를 선택했고 그날 오후, 순서대로 발표할 예정이었습니다. 한 사람당 발표 시간은 약 45분으로 발표 후에는 질의응답 시간이 마련되어 있었습니다. 질의응답 시간에서 벌어지는 활발하고 의미 있는 토론은 소위 하버드의 전통이기 때문에 학회의 클라이맥스로 누구나 기대하고 있었습니다.

그런데 어떻게 된 일일까요?

눈앞에 벌어진 광경은 평소 하버드에서 열리는 학회의 질의응답 시간과는 거리가 멀었습니다. 첫 번째 사람의 발표 후에는 두세 개의 질문이 나왔지만, 두 번째 연구원의 발표 후에는 이렇다 할 질문이 나오지 않았고 회장은 조용했습니다. 마지막 발표 후에도 그 상황에는 변함이 없었고 사회자는 기묘한 침묵에 그 자리를 수습하려고 필사적이었습니다.

하지만 그 이유를 알기는 어렵지 않았습니다. 청중의 표정이나 그 자리 분위기의 무거움이 말해 주고 있었기 때문입니다. 그렇습니다. 듣는 사람들이 지쳐 있었던 것입니다. 첫 번째 연구원의 발표 때에는 청중 전원이 한 마디 한 마디 놓치지 않으려고 긴장하고 있었지만 두 번째 발표의 중반쯤부터는 집중력이 떨어지고 피로에 지쳐 마침내 발표 내용을 이해하는 것 자체를 포기하고 만 것입니다.

왜 발표자는 그렇게까지 청중을 지치게 하고 만 것일까요? 준비 부족이었을까요? 아니요, 그럴 리 없습니다. 3명 모두 철저하게 준비했고 나중에 원고를 읽어 보니 아주 참신한 내용이었습니다. 게다가 쓰여 있던 영어도 완벽했습니다. 세련된 단어를 썼으며 문법적 오류도 없었습니다. 그런데 학회는 전혀 분위기가 고조되지 않았습니다. 게다가 비극은 안타깝게도 이것으로 끝나지 않았습니다. 학회에 이어 열린 저녁 회식 출석률이 매우 낮았던 것입니다.

다음날, 학회 참석자 몇 명에게 저녁 회식에 참석하지 않은 이유를 묻자 한결같이 '말을 이해하려다 너무 지쳤다'라

142

는 말을 했습니다. 또 한 사람은 '염불을 장시간 듣는 것은 불가능해요'라고 덧붙였습니다.

그 사람의 한마디로 저는 이 학회의 비극을 초래한 근본적인 원인이 무엇인지 확신하게 되었습니다. 원어민들은 익숙하지 않은 단조로움과 씨름하면서 어디에 강조하고 싶은 중요한 정보가 있는지를 파악하려고 신경 쓰다가 정신적 한계에 달한 것입니다. 염불을 2시간 15분 동안 내용을 이해하려고 애쓰며 계속 듣는다고 상상해 보세요. 청중이 어떤 심리적, 육체적 스트레스를 받았을지 이해할 수 있을 것입니다.

자, 만일 3명의 발표자가 영어에 멜로디를 실어 말했다면 어떤 학회가 되었을까요?

다소 문법에 오류가 있거나 발음이 몇 군데 이상해도 듣는 사람들은 발표자가 전달하고자 하는 정보를 더 잘 이해할 수 있었을 것입니다. 적어도 끝까지 들으려는 흥미가 지속되었을 것이고, 편안한 상태로 발표를 즐길 수 있었을 것입니다. 더불어 연구원로서도 좋은 평가를 받았을 테고 저녁 회식에서는 많은 사람들을 만나 훌륭한 인맥도 구축할 수 있었을 것입니다. 매사추세츠주 케임브리지까지 16시간 이상 비행기를 타고 온 보람이 있었을 거라는 거죠.

비극이 주는 교훈

- 회화는 상대가 있는 의사소통 수단이다. 듣는 사람이 이해할 수 있어야 성공한다.
- 영어 멜로디는 정확한 문법이나 발음 이상으로 의미를 전달하는 데 크게 공헌하는 매우 중요한 요소이다.

1 각 문장에서 영어의 멜로디를 만들기 위해 중요한 포커스 워드를 선택하세요.

01 It's great to hear from you, and we have a lot to talk about.

02 The main goal of science should be to improve our lives.

03 In the first part of my talk, I'll give the background to the problem.

04 To be approved for travel, you have to complete this form.

05 If we get a bigger box, we can ship all the items together.

06 I can delay my trip, but you have to give me a good reason.

2 영어 멜로디를 탔을 때, 각 문장의 밑줄 친 부분의 톤이 올라가는지(up), 아니면 내려 가는지(down) 표시하세요.

---

01 I'm from <u>Korea</u>.   _____

02 What do you <u>think</u>?   _____

03 She likes chocolate, <u>pizza</u>, and ice cream.   _____

04 Do you feel <u>okay</u>?   _____

05 Where can I find <u>that information</u>?   _____

06 Will you be available <u>next</u> week?   _____

▶정답 및 해석은 권말에

영어로 효과적인 의사소통을 하기 위해서는
대화 중 전하고 싶은 내용을 연결하거나 방향성을 보여주는
'이정표 언어Sign Post'를 자주 사용해야 한다.
이 표현은 유연하게 메시지를 전달하는 기능을 한다.
대화에서 이정표 언어를 사용하지 않는 것은
파일럿이 없는 비행기에 타는 것과 같이 위험하다.

제 5 장

대화를 예측하는
'이정표 언어'의 힘

문맥의 방향키 '이정표 언어'

초등학교에서부터 로스쿨에서까지 출제되는 '접속사 고르기'

국어 시험에서 자주 출제되는 문제 중에는 지시문의 중간 단락 첫머리를 빈칸으로 제시하고 '다음 빈칸에 들어갈 알맞은 접속사를 고르시오.'라고 묻는 유형이 있습니다. 한국은 물론 미국에서도 초등학교 단원평가부터 로스쿨 입학시험에 이르기까지 즐겨 출제되는 유형입니다.

아시다시피 이런 문제를 푸는 열쇠는 빈칸 앞뒤 단락의 내용을 읽고, 두 내용이 어떻게 이어지는지를 판단하는 것입니다. 더 구체적으로 말하자면 뒤 단락이 앞 단락을 설명하려는 건지, 반대 내용을 말하려는 건지, 또는 앞 내용의 예를 들려는 것인지를 보면 적당한 접속사를 찾을 수 있습니다. 이 문제를 거꾸로 생각해 보면, 첫머리의 접속사를 알면 그것이 이정표와 같은 기능을 해주기 때문에 읽지 않아도 이어지는 내용이 어떻게 전개될지 대략 알 수 있다는 뜻이 됩니다. 그동안 의식하지 못했더라도 한국어로 의사소통할 때 역시 접속사는 강력한 역할을 합니다.

한국어의 접속사처럼 영어에도 전달하고자 하는 내용을 일종의 신호로 암시하는 표현들이 있는데, 이를 '이정표 언어Sign Post'라고 합니다. 영어의 이정표 언어는 한국어와 비교하면 종류도, 수도 훨씬 많기 때문에 이정표 언어가 커뮤니케이션에서 차지하는 비중도 더 크다고 할 수 있습니다. 말을 잘하는 원어민들은 이정표 언어를 회화에서 자주 이용합니다. 이정표 언어를 잘 사용하면 듣는 이에게 이야기 진행 방향을 제시해 주기 때문에 효과적인 커뮤니케이션이 가능해집니다.

이정표 언어에는 크게 두 가지 종류가 있는데, '문장 첫머리에 사용되는 이정표 언어'와 '특정 문맥에서 관용적으로 사용되는 이정표 언어'가 그것입니다.

문장 첫머리에 사용하는 '이정표 언어'

첫 번째 종류의 이정표 언어에 대해 알아보기 전에, 잠시 실험을 해봅시다. 다음 문단을 각 문장의 첫머리에 색으로 표시한 곳에 주목하면서 소리 내어 읽어 보십시오.

In my view, the project should be suspended. First, there is the problem about the cost overrun. Also, we are currently short of

staff. In addition, **the project is becoming more complicated than we expected.** So **I suggest that we stop the project until we have time to review the entire situation.**

제 견해로는 프로젝트가 유보되어야 할 것 같습니다. 우선 비용 초과 문제가 있습니다. 게다가 우리는 현재 직원이 부족합니다. 또한 프로젝트가 우리가 예상했던 것보다 점점 더 복잡해지고 있습니다. 따라서 프로젝트를 중단하고 전체적인 상황을 검토할 시간을 가져야 한다고 생각합니다.

어떤가요? 어떤 프로젝트의 중단에 관한 의견을 말하고 있는데요, 한 번만 읽어 봐도 이야기가 어떻게 전개되는지 이해가 되죠? 회화는 글과 달리 반복되지 않기 때문에 한 번에 이해할 수 있어야 이상적입니다. 위의 예문에는 그것을 실현하는 기술이 숨어 있습니다.

그렇다면 어떤 기술이 이렇게 내용을 알기 쉽게 해주는 것일까요? 그것은 바로 이정표 언어입니다. 위 예문에는 모든 문장 첫머리에 이정표 언어가 사용되고 있습니다. 문장 첫머리에 색으로 표시한 단어나 구로 그 뒤에 이어지는 문장의 내용에 대해 신호를 보내며 듣는 사람을 이끌고 있죠.

In my view	→	내 의견을 말할게
First, Also	→	의견을 뒷받침하는 이유를 설명할게
In addition	→	덧붙여 말하자면
So	→	결론은

첫 문장은 In my view로 시작해 이제부터 화자의 '의견을 말하겠다'

라는 신호를 보내고 있습니다. 듣는 사람은 그 말을 듣고 마음의 준비를 할 수 있죠. 두 번째, 세 번째의 첫머리에서는 First와 Also가 사용되었습니다. 말하는 사람이 '지금 말한 나의 의견을 뒷받침하는 이유에 대해 설명하겠다'라는 사인을 보낸 것이죠. 듣는 사람도 그 이유가 하나, 둘 설명될 것임을 알 수 있습니다. 더욱이 In addition이라는 표현으로 말하는 사람이 '덧붙여 말하겠다'라는 신호를 보냈기 때문에 듣는 사람은 부가적인 세 번째 이유가 나올 것이라고 쉽게 예상할 수 있습니다. 그리고 마지막 첫머리의 So를 들으면 '아, 드디어 결론이 나오는구나' 하고 알아챌 수 있어 결말에 흥미롭게 귀 기울일 수 있죠.

그러면 이번에는 색으로 표기한 부분을 뺀 문장을 소리 내어 읽어 보십시오.

The project should be suspended. There is the problem about the cost overrun. We are currently short of staff. The project is becoming more complicated than we expected. I suggest that we stop the project until we have time to review the entire situation.

어떻습니까? 잘 이해되셨나요? 아마 아닐 겁니다. 문장 첫머리에 이정표 언어가 없으면 듣는 사람은 처음부터 마지막까지 전체 내용을 다 들어봐야만 이야기가 어떻게 전개될지 알 수 있습니다. 그래서 어쩔 수 없이 듣는 내내 신경을 곤두세워야 합니다. 이정표 언어를 문장 첫머리에 사용하는 장점을 정리하면 다음과 같습니다.

- 듣는 사람이 이야기의 전개를 예측할 수 있어 마음의 준비를 할 수 있다.
- 자연스럽게 이야기의 줄거리가 잡힌다.
- 이야기의 줄거리가 잡히기 때문에 말하는 사람은 이야기를 전개하기 쉬워진다.
- 듣는 사람은 편안한 상태에서 이야기에 귀를 기울일 수 있기 때문에 말하는 사람에 대해 좋은 인상을 받게 된다.

외국어로 영어를 말하는 여러분에게는 이정표 언어를 사용할 때의 장점이 또 하나 있습니다. 그것은 영어 강세나 문법이 좀 틀려도 이정표 언어로 보내는 신호가 그 결점을 보완해 주기 때문에 듣는 사람이 내용을 이해하기 쉽다는 것입니다.

대표적인 이정표 언어

문장 첫머리에서 사용되는 이정표 언어는 15가지 종류로 나눌 수 있습니다. 여기에서는 종류별로 바로바로 써먹을 수 있는 표현을 엄선해서 소개하니 평소에 활용할 수 있도록 충분히 연습해 놓도록 합시다.

❶ 새로운 화제 시작하기

- So, 그래서

   So, how's your work going? 그래서, 일은 잘 되어가?

- **Well,** (대화를 잠깐 멈추면서) 자, 저

  Well, I got an email from my friend in New York.

  저, 그러니까 뉴욕에 사는 친구한테 이메일을 받았어.

❷ 의견 말하기

- **In my view,** 제 견해로는, 제 생각에는

  In my view, there is a difficulty with their marketing.

  제 견해로는 그 사람들의 마케팅에 어려움이 있는 것 같습니다.

- **It seems to me that...** (저한테는) ~인 것 같은데요.

  It seems to me that the stores are more crowded than last year.

  제가 보기에는 작년보다 가게에 사람들이 더 많은 것 같습니다.

❸ 이유 말하기

- **I say this because...** ~때문에 말하는 겁니다

  I say this because the prices were lower last year.

  가격이 작년에 더 낮았기 때문에 말씀드리는 겁니다.

- **Here's why.** 그 이유는 이렇습니다.

  Here's why. The weather will be cooler and there will be fewer tourists.

  그 이유는 이렇습니다. 날씨가 더 추워질 거라서 관광객들이 더 줄어들 겁니다.

❹ 자신이 말한 것을 더 명확하게 혹은 구체화하기

- **In fact,** 사실

  In fact, I sent you two emails last month.

  사실 지난달에 이메일 두 통을 당신한테 보냈어요.

- **You know,** 아시겠지만

  You know, it's hard to understand his pronunciation.

  아시겠지만 그 사람 발음은 알아듣기 어려워요.

❺ 예를 들기

- **For example,** 예를 들어

  For example, the company had a ten percent decrease in sales.

  예를 들어, 회사의 판매량이 10퍼센트 감소했습니다.

- **For instance,** 예를 들어

  For instance, our city began a traffic safety campaign.

  예를 들어, 우리 도시는 교통안전 캠페인을 시작했습니다.

❻ 덧붙이기

- **Also,** 게다가, ~도 또한

  Also, you might want to order coffee.

  게다가 당신은 커피를 주문하고 싶을지 몰라요.

- **In addition,** 게다가

  In addition, there is a good mall nearby.

  게다가, 근처에 괜찮은 쇼핑몰이 있어요.

❼ 순서 제시하기

- **First of all,** 첫째

  First of all, I'm concerned about being over budget.

  첫째, 예산초과가 우려됩니다.

- **And then,** 그리고 나서 / **Next,** 다음에 / **After that,** 그 이후에 /
  Finally, 마지막으로

  And then, we visited the museum.

  그러고 나서 우리는 박물관을 방문했어요.

  Next, we had lunch.

  다음에 우리는 점심을 먹었어요.

  After that, we returned to the hotel.

  그러고 나서 우리는 호텔로 돌아왔어요.

  Finally, we went to bed.

  마지막으로 우리는 잠자리에 들었어요.

❽ 결과 말하기

- **As a result,** 결과적으로

  As a result, I couldn't attend the meeting.

  그 결과 저는 회의에 참석할 수 없었습니다.

- **Consequently,** 결론적으로

  Consequently, we cancelled our reservation.

  결론적으로 우리는 예약을 취소했습니다.

❾ 이전에 말한 것 언급하기

- **Previously,** 이전에, 미리

  Previously, we talked about the schedule.

  이전에 우리는 일정에 대해 얘기했어요.

- **Earlier,** 예상보다 일찍, 앞서

  Earlier, you requested information about our employees.

  앞서 우리 직원들에 대한 정보를 요청하셨습니다.

❿ 비교, 대비하기

- **Compared with X,** X에 비해

  Compared with public schools, private schools offer smaller classes.

  공립학교에 비해 사립학교는 학급당 인원수가 적습니다.

- **In contrast,** 대조적으로

  In contrast, our competitors are increasing their marketing budget.

  대조적으로 우리 경쟁사들은 마케팅 예산을 늘리고 있습니다.

⓫ 강조하기

- **Clearly,** 분명하게

  Clearly, the most exciting scientific advances are in biotechnology.

  분명하게 가장 흥미로운 과학적 진보를 이룬 분야는 생명공학입니다.

- Certainly, 틀림없이

Certainly, **I agree with you.**

틀림없이, 당신 말에 동의합니다.

⑫ 복잡한 것을 짧게 말하기

- In brief, 요약하면

In brief, **customers pay attention to price more than quality.**

요약하면, 소비자들은 품질보다는 가격에 더 주목합니다.

- In a nutshell, 한마디로 말해서

In a nutshell, **diet and exercise are the only ways to lose weight.**

한마디로 말해서 다이어트와 운동은 살을 빼는 유일한 방법입니다.

⑬ 말한 것을 반복하기

- As (I) mentioned earlier, 앞서 제가 말했듯이

As I mentioned earlier, **I have to go to New York in May.**

앞서 제가 말했듯이, 5월에 뉴욕에 가야 합니다.

- As (I) noted before, 전에 언급했듯이

As noted before, **several people have complained about the noise.**

앞서 언급했듯이, 여러 사람들이 소음에 대해 불만을 제기해 왔습니다.

주의1 괄호 안의 I 는 임의로 사용한다.

주의2 As I told you before는 아이에게 말하는 것 같은 뉘앙스가 있기 때문에 피할 것.

⓮ 감정이나 태도 표현하기

* **Surprisingly,** 놀랍게도

  Surprisingly, the plane arrived early.

  놀랍게도 비행기가 일찍 도착했다.

* **Sadly,** 슬프게도

  Sadly, no one survived the plane crash.

  슬프게도 비행기 사고에서 살아남은 사람은 아무도 없었다.

* **Fortunately,** 다행스럽게도

  Fortunately, I got a big bonus this year.

  다행스럽게도 나는 올해 보너스를 많이 받았다.

* **Interestingly,** 흥미롭게도

  Interestingly, people now prefer buying books on the Internet.

  흥미롭게도 사람들은 지금 인터넷에서 책 사는 것을 선호한다.

* **Luckily,** 다행스럽게도

  Luckily, we checked the room before everyone arrived.

  다행스럽게도 모두가 도착하기 전에 우리는 방을 점검했다.

* **Unfortunately,** 불행하게도

  Unfortunately, I forgot to bring my phone.

  불행하게도 나는 전화기 가져오는 걸 잊었다.

* **Frankly,** 솔직히

  Frankly, your message arrived too late.

  솔직히 당신의 메시지는 너무 늦게 도착했다.

- **Amazingly,** 놀랍게도

  Amazingly, they agreed to all of our requests.

  놀랍게도, 그 사람들은 우리의 모든 요청에 동의했다.

⑮ 결론짓기, 끝으로 요약하기

- **To sum up,** 요약하자면

  To sum up, there is no way we can finish the project on time.

  요약하자면 정시에 프로젝트를 끝낼 수 있는 방법이 없다.

- **In conclusion,** 결론적으로

  In conclusion, the cost depends on the size of the order and the delivery date.

  결론적으로 비용은 주문량과 배송일에 따라 달라진다.

이 정도 표현은 이미 알고 있는 분도 계실 겁니다. 하지만 알고 있기만 하는 것은 실제 대화에서 아무런 소용이 없습니다. 이정표 언어의 위력을 인지했다면 문장 첫머리에 그것을 의식적으로 사용하려는 습관을 들여 듣는 사람이 자신의 이야기를 잘 이해할 수 있도록 해야 합니다. 여기서 제시된 15종류의 이정표 언어를 자유롭게 구사할 수 있게 된다면, 여러분은 한층 이해하기 쉽고 세련된 문장을 구사하는 실력을 갖출 수 있게 될 것입니다.

관용적인
이정표 언어

관용적인 이정표 언어는 한국어에서 사용되는 비슷한 예를 보면 그것이 어떤 종류인지 금방 이해하실 수 있습니다. 한국어의 '죄송합니다'가 바로 그것입니다.

고객: 사은품 하나 더 주실 수 있어요?

점원: 아 죄송합니다. 그건 좀 …….

이 점원은 '죄송합니다. 그건 좀 ……'이라고 말함으로써, 굳이 '사은품을 하나 더 드릴 수는 없습니다'라고 말하지 않아도 명백하게 고객의 질문에 답하고 있습니다. 이 문맥에서 '죄송합니다'가 관용적으로, '죄송합니다만 못 드립니다'라는 구체적인 신호를 보내 주기 때문에, '못 드립니다'라든지 '불가능합니다'라고 부정적인 말을 굳이 꺼내지 않고도 의사소통이 원활하게 진행되는 것입니다.

의사소통의 강력한 무기

영어에서 빼놓을 수 없는 또 하나의 이정표 언어에는 '특정 문맥에 어떤 신호를 보내기 위해 사용되는 관용적 표현'이 있습니다. 그 표현들은 문화적 배경 속에서 생겨났기 때문에 원어민의 사고에서 자연스럽게 나옵니다. 그래서 영어권에서 오래 생활하거나 학습할 기회가 없었다면 알기가 쉽지 않습니다. 하지만 몇 가지 표현 패턴을 익히고 나면 편리하게 이용할 수 있습니다. 특히 어색한 상황을 미리 방지하거나 듣는 사람을 존중하는 정중한 표현이 포함되어 있어, 상대방에게 좋은 인상을 주는 부드럽고 성공적인 대화가 가능해집니다.

자, 그럼 성공적인 대화를 이끄는 관용적인 이정표 언어들을 하나하나 익혀 볼까요? 다음은 직장인이라면 누구나 마주치게 되는 11가지 일상적인 상황들에 대한 관용적인 이정표 언어들입니다. 이 표현을 활용하는 것만으로 영어로 하는 의사소통 실력은 비약적인 진보를 이루게 되고 회화에도 자신감을 가질 수 있게 될 것입니다.

❶ 상대방의 이야기가 잘 이해되지 않아 확인하고 싶을 때

- **Let me be sure I understand what you've said.**

  당신이 말한 내용을 제가 제대로 이해하고 있는지 확인하고 싶습니다.

  → 이 뒤에 상대방의 말을 자신이 이해한 대로 말한다.

- **I hear you saying …**

  ~라고 하신 거 맞지요?

❷ 상대방이 더 잘 이해할 수 있게 또는 상대가 이해했는지 확인하기 위해 다시 한번 바꾸어 말할 때

- **Here's what I mean.**

  제 말은 이런 뜻입니다.

  → 이 뒤에 알기 쉽게 내용을 바꾸어 말한 문장이 이어진다.

- **The point I am trying to make is …**

  내가 말하고자 하는 요점은…

❸ 우선하는 것을 말할 때

- **As I see it, the most important point is …**

  내가 볼 때 가장 중요한 것은…

- **In my view, the main thing is …**

  내가 보기에 중요한 것은…

❹ 상대방이 이해했는지 확인하고 싶을 때

- **Does that make sense?** 이해가 되세요?
- **Do you follow me?** 이해가 되세요?

❺ 상대방의 이야기가 잘 이해되지 않았을 때

- **I didn't quite catch that.**

  저는 이해 잘 안 되는데요.

- **I'm not sure I follow you.**

  무슨 말씀이신지 확실히 이해가 안 돼요.

❻ 이야기를 끊거나 질문하고 싶을 때

- **Uh, could I just say …?**

  어, ~라고 말해도 될까요?

- **Uh, I have a quick question.**

  어, 간단한 질문 하나 드리겠습니다.

❼ 상대방에게 찬성할 수 없을 때

- **Yes, that may be true, but …**

  맞아요, 그게 사실일지도 모르겠지만…

- **Well, I can see your point, but …**

  글쎄요, 말씀의 요지는 알겠지만…

- **I see what you mean, but …**

  말씀하시는 것은 알겠지만…

❽ 제안할 때

- **It might be a good idea if we …**

  우리가 ~하는 것도 좋은 생각일 수 있어요.

- **Let's …** ~합시다.

❾ 찬성할 때

- **That sounds good.** 좋은데요.
- **That's a great idea.** 좋은 생각인데요.

❿ 조건을 말할 때

- **It depends on what you mean.**
  where you are going.
  who is doing the experiment.
  our budget.

당신이 하는 말이 무슨 뜻인지에 달렸지요.
당신이 어디에 가느냐에
누가 실험을 하느냐에
우리 예산에

⓫ 상대의 말에 대꾸할 때

- **I see.** 알겠어요.
- **Really?** 정말요?
- **Is that so?** 그런가요?
- **Oh?** 네?
- **Uh-huh.** 응.
- **Mm-mm.** 어느 정도는.
- **How interesting!** 정말 흥미로운데요!
- **Cool!** (편한 상황에서) 좋아요!
- **Awesome!** (편한 상황에서) 멋져요!

보시면 알 수 있듯이 특정 문맥에서 신호가 되는 이정표 언어들에는 특별히 어려운 단어가 들어 있지 않습니다. 아마 모르는 단어는 거의 없을 것입니다. 하지만 꽤 상급에 속하는 한국인 영어 학습자라도 이 표현을 자유자재로 사용하고 있는 사람은 그리 많지 않습니다. 그 점에 대해서는 다음에 이어지는 '한국식 영어 탈출법 5'에서 자세히 말씀드리겠습니다. 이 표현을 머릿속에 넣어 두고 기회가 될 때마다 원어민처럼 사용하면서 '한국식 영어 탈출법 5'에 등장하는 전형적인 한국식 영어에서 탈피하시길 바랍니다.

👉 정리합시다

☑ 특정 문맥에서 이정표 언어는 대화할 때 어떤 신호를 보내기 위해 사용되는 관용적 표현이다.

☑ 관용적인 이정표 언어는 문화적 배경으로 인해 원어민의 사고에서 자연스럽게 나오기 때문에 학습을 통해 익숙해져야 한다.

☑ 관용적인 이정표 언어는 영어로 하는 의사소통을 위한 훌륭한 기술이다.

이제 이정표 언어의 중요성에 대해 이해하셨으리라 생각합니다. 여러 번 말씀드렸지만 지식을 얻은 것만으로는 아무 소용이 없습니다. 지금부터는 한국인이 사용할 수 있을 것 같으면서도 사용하지 못하는 이정표 언어의 3가지 예를 말씀드리고 싶습니다. 전형적인 실패 사례를 보고 이를 거울삼아 더 높은 수준의 의사소통을 향해 나아가실 수 있기를 바랍니다.

한국인들의 이상한 맞장구

앞에서 살펴본 관용적인 이정표 언어 중 마지막에 있었던 '상대의 말에 대꾸할 때'를 기억하시죠?

- **I see.** 알겠습니다.

- **Really?** 정말입니까?

- **Is that so?** 그런가요?

- **Oh?** 네?

- **Uh-huh.** 응.

- **Mm-mm.** 어느 정도는.

- **How interesting!** 정말 흥미롭군요!

- **Cool!** (편한 상황에서) 좋아!

- **Awesome!** (편한 상황에서) 멋지다!

보시다시피, 간단한 표현들뿐입니다. 하지만 이 간단한 표현을 회화에서는 거의 못 하는 게 현실입니다.

한 가지 예를 들어 보겠습니다. 다음은 최근에 제가 한 한국인 사업가와 전화로 통화한 대화입니다.

반스: **I am planning to go to Korea in May.**
5월에 한국에 갈 예정이에요.

한국인 A: **Really?** 아, 그래요?

반스: **I will be in Seoul for three months.**
서울에 3개월 정도 있을 거예요.

한국인 A: **Really? 또는 OK OK.** (고개를 끄덕이며 무의식적으로) 진짜요?

반스: **I am free to meet with you in the last week of June.**
6월 마지막 주에 시간이 나서 당신을 만나뵙고 싶은데요.

한국인 A: **OK, OK.** 네 좋아요.

눈치채셨겠지만 제 말이 끝날 때마다 'OK'나 'Really'로 맞장구치고 있습니다. 이것은 한국인의 전형적인 스타일입니다. 상당히 영어를 잘하는 사람이라도 이런 경향이 있는 경우가 많습니다. 'OK'나 'Really'를 가끔 'I see'로 바꾸기도 하는데 그것도 역시 좀 단조롭게 들립니다.

문장이 끝날 때마다 몇 가지 표현을 반복해서 말하는 버릇은 아마도 한국어의 '네네', '그렇죠', 또는 '응응, 그래그래~'라고 특별한 의미 없이 무의식적으로 대꾸하는 습관에서 오는 것이라 추측됩니다. 자주 '네'라고 말하는 것은 한국어에서는 지금 잘 듣고 있다는 표시로 고개를 끄덕이는 것과 함께 말하는 이에게 반응을 보여주는 것으로 통용되지만, 그것을 모르는 원어민은 너무 자주 맞장구를 치면 신경이 예민해집니다. 또 'OK'나 'Really' 또는 'I see'라고만 단조롭게 되풀이하는 것도 너무 성의가 없습니다.

이 묘한 버릇은 '상대의 말에 대꾸할 때'의 8개 표현을 사용하기만 하면 즉석에서 개선될 수 있습니다. 더 자연스럽고 세련된 인상을 상대방에게 줄 수 있는 것입니다.

구체적인 해결법은 아주 간단합니다. 먼저 말이 끝날 때마다 맞장구를 치지 않습니다. 또 상대방이 말하는 도중에 'OK, OK'라고 말하는 버릇이 있다면 그것도 당장 고칩시다. 그리고 그 대신, 'How interesting!', 'Is that so?', 'Uh-huh', 'Mm-mm' 등을 시의적절하게 사용합시다. 편한 상대라면, 'Cool!'이나 'Awesome!'으로 활기를 띄웁시다. 이 표현들의 자세한 사용법은 제7장의 '협력적 표현'을 참고해 주십시오.

대놓고 'No'라고 말하는 한국인은 거만해 보여

이번에는 관용적인 이정표 언어 중 '상대방에게 찬성할 수 없을 때'를 살펴보겠습니다.

- **Yes, that may be true, but …**
  네, 그게 사실일지도 모르겠지만…

- **Well, I can see your point, but …**
  글쎄요, 말씀의 요지는 알겠지만…

- **I see what you mean, but …** 무슨 말씀인지는 알겠지만…
  → 이 뒤에 본인의 의견이 온다.

세련된 커뮤니케이션에서는 상대방의 의견에 100% 반대하는 입장이라 하더라도, 처음부터 대놓고 'No'로 대답을 시작하지는 않습니다. 위의 3개 표현에서도 알 수 있듯이 모두 'No'라고 말하지 않고, 먼저 상대의 의견이나 입장을 인정하는 것부터 시작하고 있습니다. 그리고 비로소 but 등을 사용하여 자신의 진짜 의견을 말하는 것이 일반적인 방법입니다.

그런데 한국인들과 영어로 대화를 하다 보면, 남의 의견에 반대할 때, 'No'라고 단도직입적으로 자신의 주장을 시작해 버리는 경우를 종종 보게 됩니다. 아니, 거의 '전형적인 한국인의 반대법'이라고 말할 수 있을 정도입니다. 아마 'Yes, that may be true, but...'과 같은 표현들이 다소 길고 익숙하지 않아 '찬성할 수 없으면 No'라고 특별한 의미 없이 말해 버

리는 것 같습니다. 하지만 원어민은 갑자기 대놓고 'No'라는 말이 튀어 나오면 깜짝 놀라고 맙니다. 그래서 원어민 중에는 한국인들과 회의를 하고 나서 거만하다는 인상을 받는 사람들이 종종 있습니다.

그런 오해를 받지 않기 위해서도 우선 상대방에게 'Yes'라고 말하며 긍정적으로 시작하는 게 대화를 발전적으로 이끌어 줍니다. 꼭 실천해 주시기 바랍니다.

한국인은 사과를 남발한다?

'죄송합니다'라는 한국어는 특정 문맥에서의 이정표 언어와 유사합니다만 한국인 영어 학습자는 'I am sorry'를 '죄송합니다'와 같이, 본래 의미와는 다르게 필요 이상으로 자주 쓰는 경향이 있습니다.

원어민에게 'I'm sorry'란 정말 잘못이 있고 그 책임을 인정할 때 하는 말입니다. 그래서 한국인과 원어민의 대화에서 한국어식으로 '저기요' 또는 '죄송한데요…'의 뜻으로 'I'm sorry'를 빈번히 쓴다면 'Oh, don't be sorry'라고 대꾸하는 원어민을 자주 보게 될 것입니다. 원어민의 이 말은 '아니 미안해할 것 없어요. 괜찮아요~' 하는 겸양의 의미보다는, '왜 미안하다고 하지?' 하는 좀 의아하다는 뜻입니다. 한 가지 예를 들어 보면 한국어로 '저…' 또는 '저기요'라고 하는 상황에서 또는 영어 'Excuse me'를 대신해 'I'm sorry'라는, '잘못했습니다'라는 말을 자주 한 것이나 다름없다고 생각하면 이해하기가 쉬우실 겁니다. 한국어로 '잘못했습니다'는 흔히 쓰는 '죄송합니다'와 달리 정말 뭔가 용서를 구할 때만 쓰시지요?

이처럼 문맥에 따라 다양한 의미가 있는 '죄송합니다', '죄송한데요', '저기요'의 뜻으로 한국인이 별 뜻 없이 'I am sorry'를 빈번히 쓰는 것을 모르는 원어민은 뭘 그리 사과하고 있는지 전혀 이해할 수 없습니다. 또 영어권 문화에서는 사과하며 자신에게 잘못이 있다고 지나치게 인정하면 자신감 없는 미숙한 사람이라는 이미지를 줄 수 있습니다. 그렇기 때문에, 'I am sorry'가 자기도 모르게 입에서 나오는 경향이 있는 분은 바로 고칠 것을 권합니다. 무심결에 튀어나오려고 하면 그 대신 'Well'이라고 말하면 자연스럽게 한 템포 늦출 수 있겠지요. 그리고 점차 적당한 이정표 언어로 바꾸어 쓰도록 노력해 주세요.

1 주어진 상황에 어울리는 이정표 언어를 보기 중에서 고르세요.

01 Express an opinion about a car advertisement.
① Here's why.
② In fact,
③ It seems to me that …
④ For example,

02 Give a reason to support your opinion.
① You know,
② I say this because …
③ Also,
④ After that,

03 Describe the next event in a funny story that happened to you.
① And then,
② For instance,
③ Funnily,
④ Consequently,

04　Express the outcome of a meeting.
　　① Previously,
　　② Next,
　　③ In contrast,
　　④ As a result,

05　Emphasize the significance of a problem.
　　① First,
　　② Clearly,
　　③ Compared with X,
　　④ As noted before,

06　Summarize a complex issue in one sentence.
　　① In addition,
　　② Earlier,
　　③ In a nutshell,
　　④ Finally,

2 주어진 상황에 어울리는 이정표 언어를 보기 중에서 고르세요.

01   You want to restate what you think is someone's point.
① As I see it, the most important point is …
② I hear you saying …
③ Here's what I mean.
④ Uh, could I just say …?

02   You want to check if people understand your explanation.
① In my view, the main thing is …
② Let me be sure I understand what you've said.
③ I'm not sure I follow you.
④ Do you follow me?

03   Your listening comprehension of someone's sentence was not good.
① Is that so?
② That's a great idea.
③ I didn't quite catch that.
④ It depends on what you mean.

04 You disagree with someone's opinion.
    ① I see what you mean, but …
    ② I see.
    ③ Does that make sense?
    ④ Uh, I have a quick question.

05 In a meeting, you need to interrupt someone to make your
    comment.
    ① Is that so?
    ② It might be a good idea if we …
    ③ Yes, that may be true, but …
    ④ Uh, could I just say …?

06 You like someone's suggestion about discussing more details in
    another meeting next week.
    ① How interesting!
    ② That sounds good.
    ③ Well, I can see your point, but …
    ④ Let's try.

▶정답 및 해석은 권말에

'메시지 디자인'은 미국 정부도 채택하고 있는
강력한 메시지 전달법이다.
하고자 하는 말을 영어로 효과적으로 전달하려면
각 문화에 알맞은 양식에 맞춰
자신의 생각을 구성하는 게 중요하다.

제 6 장

영어의
메시지 디자인

메시지 디자인이
대화의 성패를 좌우한다

문화에 따라 달라지는 생각의 구성 방법

지금까지 영어를 말하기 쉽고 이해하기 쉽게 만드는 데 필요한 영어 회화의 기술들에 대해 배워왔습니다. 이번 장에서는 영어 자체가 아니라 좀 더 거시적인 안목으로 성공적인 영어 회화에 필요한 사고법에 대해 다루고자 합니다.

여러분, 커뮤니케이션에서 가장 중요한 것은 무엇일까요? 바로 '자신의 메시지를 잘 전달하는 것'입니다. 이때 '잘 전달한다'라는 의미는 말하는 내용이 사실임을 듣는 사람이 믿게 하거나, 어떤 행동을 취해야 한다고 상대방을 설득하는 경우일 수도 있습니다. 그리고 그 성공 여부는 말하는 내용, 즉 '메시지를 어떻게 디자인해서 전달하는가'에 의해 크게 좌우됩니다.

'메시지를 디자인한다'라는 의미는 단순히 단어를 선택하고 그 단어들을 어떤 문법으로 표현할 것인가 하는 것도 있겠지만, 여기서는 '성공적인 커뮤니케이션을 위해 어떻게 생각을 구성할 것인가' 하는 것을 다룹니다. 만일 여러분이 영어 회화에 필요한 문법, 어휘, 발음을 완벽하게 갖추고 있다고 해도 메시지 디자인을 제대로 하지 않으면 상대방과 효과적인 커뮤니케이션을 하기는 힘듭니다.

효과적으로 메시지를 전달하기 위한 사고의 구성 방법은 문화적 배경에 따라 다릅니다. 일반적으로 영어의 사고 구성법이 단도직입적으로 결론부터 먼저 말하고 직선적으로 설명하는 데 비해, 한국어는 보통의 아시아권 화법이 그렇듯이 배경과 이유를 먼저 설명하고 결론을 도출해 마무리 짓습니다. 이를 동심원 밖에서 안으로 향한다고 합니다. 사고 방법에 따른 문제이므로 글로 옮겨 놓은 작문의 형태도 그렇게 나오는 경우가 많습니다.

흔한 예로 영작문을 하다 보면 영어식 사고법을 염두에 두고 의식적으로 글쓰기를 시작했더라도 내용이 전개될수록 머릿속에 익숙한 모국어식 사고법이 은연중에 다시 나와 결국 글이 갈피를 못 잡고 방황하기도 합니다. 이런 경우 글의 논지도 혼란스러워지기 때문에 본인도, 타인도 어디를 어떻게 고쳐야 할지 결정하기 힘들어집니다.

다음은 한국인 중간 관리자와 미국인 중간 관리자가 각각 어떤 부하직원을 해고하기로 결정하고 자신들의 상관에게 보고했을 때의 예입니다. 비교하면서 읽어 보시기 바랍니다.

한국인 중간 관리자의 보고

마케팅 담당 명수 씨에 대해 평가해 보니 그의 고객이 줄었더군요. 그게 문젭니다. 명수 씨 판매 담당 지역을 확대하는 게 한 방법이긴 한데, 그럼 다른 담당자로부터 불만이 나오겠죠. 게다가 명수 씨는 일부 제품만 판매하고 있습니다. 고객이 구매할 만한 제품을 개발하는 방법도 있지만 그럼 비용이 너무 듭니다. 또 명수 씨가 메일에 대한 답변이 너무 늦다고 불평하는 고객이 있습니다. 그 때문에 소중한 고객을 잃었습니다. 다른 담당자는 고객을 10% 늘렸다고 합니다. 결론적으로 명수 씨가 임무를 잘 완수하지 못한 것 같습니다. 명수 씨에게 사표를 받고 그 일을 대신할 사람을 고용하도록 하는 게 어떻겠습니까?

• 미국인 중간 관리자의 보고

마케팅 담당 명수 씨의 업무 평가 결과, 명수 씨에게 사표를 받으려고 합니다. 이렇게 결론을 내린 데에는 몇 가지 이유가 있습니다. 첫째로, 명수 씨의 고객이 줄었습니다. 다른 담당자는 연간 10% 늘렸는데도 불구하고 말이죠. 둘째, 명수 씨는 일부 제품만을 판매하고 있었습니다. 그 제품 외에 고객이 살 만한 제품을 개발하는 건 현 단계에서는 비용 등의 문제로 불가능합니다. 게다가, 명수 씨는 고객의 메일에 대한 대응도 늦어, 그 때문에 중요한 고객을 잃고 말았습니다. 이런 문제로 볼 때 명수 씨를 그만두게 하고 대신할 사람을 고용하자는 결론을 내리게 됐습니다.

세세한 것은 차치하더라도 한국어와 영어는 사고의 구성 방법이 상당히 다르다는 것이 느껴지시나요?

한국인이 영어로 의사소통할 때 사고의 구성 방법이 너무 달라 사회생활에 악영향을 미치는 경우를 많이 보았습니다. 그래서 이 장에서는 영어권 문화에서 가장 효과적으로 메시지를 디자인하는 방법에 대해 다루려고 합니다. 강한 인상을 줄 수 있는 방법을 잘 활용해 사회생활에서도 비즈니스에서도 성공을 거두시기를 바랍니다.

영어식 사고의 기본은 '주장 → 근거' 순

영어권 문화에서는 효과적으로 메시지를 전하기 위한 사고의 구성 방법이 한국어와는 상당히 다릅니다. 그럼 보다 구체적으로 메시지 디자인 법이 어떻게 다른지에 대해 살펴보기로 하겠습니다. 우선 다음 두 개의 문장을 비교해 봅시다.

(A) **Because it's starting to rain, we should go inside.**
비가 내리기 시작하니까 우리는 안으로 들어가야만 해요.

(B) **We should go inside because it's starting to rain.**
우리는 안으로 들어가야만 해요, 비가 오니까요.

예문 (A)와 (B)는 모두 일상에서 자주 쓰일 수 있는 문장입니다. 예를 들어, 두 명의 회사원이 건물 밖에 있고 그 중 한 사람이 이렇게 말하는 장면을 생각할 수 있겠지요. 그런데 두 문장은 내용은 같지만, 생각의 배열 순서는 정반대로 되어 있습니다.

한국어에서는 둘 중 어느 배열 방법을 사용하는 일이 많습니까? (A)처럼 '비가 오니까 안으로 들어갑시다'라고 말하는 편이 일반적이죠? 그런데

영어로 커뮤니케이션을 할 때는 (B)처럼 '안으로 들어갑시다. 비가 오니까요'라고 말하는 쪽이 효과적이라고 여겨집니다. 왜 이런 차이가 생길까요?

그 이유는 예문 (B)가 말하는 사람의 주장으로 시작하기 때문입니다. 이 주장은 말하는 사람의 의견이며, 문장의 요점이라고도 할 수 있습니다. 주장이 먼저 나오고 그 뒤에 주장을 뒷받침하는 근거 'it's starting to rain'이 나오는 것이 영어식 사고방식입니다. 그리고 이와 같이 말하는 것이 효과적인 영어 커뮤니케이션에 있어 기본 중의 기본입니다.

영어의 사고 구성 방법은 정말 효과적일까?

'영어의 사고 구성 방법은 알겠는데, 정말로 의사소통에 효과가 있나?' 하고 의심하는 분도 분명히 계시겠지요. 이를 증명하기 위해 일상적인 대화를 예로 들어 보겠습니다. 다음에 제시한 대화는 미국인 A가 한국인 동료 K의 여행 계획에 대해 관심을 가지고 질문하는 것으로 시작되고 있습니다.

미국인 A: I heard you decided to go to Australia for your vacation. How do you think your trip will be?
휴가 때 호주에 가기로 하셨다면서요. 여행이 어떨 것 같으세요?

한국인 K: It'll be great.
좋을 것 같아요.

미국인 A: Why do you think so?
왜 그렇게 생각하세요?

한국인 K: I'm going hiking.
하이킹을 할 예정이거든요.

미국인 A: So, what do you like about hiking?
그럼 하이킹의 어떤 점이 좋으세요?

한국인 K: I love it, especially the clean air, natural beauty, and good exercise.
아주 좋아해요. 특히 깨끗한 공기, 자연의 아름다움, 그리고 운동을 할 수 있잖아요.

미국인 A: It sounds like you'll have a wonderful trip. Have a great vacation!
멋진 여행을 할 것 같으시네요. 휴가 잘 보내시길 바라요!

이 대화가 효과적으로 의사소통이 이루어졌다고 할 수 있을까요? 잠시 생각해 보고 잘 모르겠다면 미국인 A라고 가정해 보고 기분이 어떨지 상상해 봅시다.

그럼 함께 이 대화를 간단히 분석해 볼까요?

1 먼저 미국인 A가 한국인 K의 호주 여행에 대해 흥미를 갖고, 그 여행이 어떨 것 같은지를 한국인 K에게 질문하는 것으로 대화가 시작됨.

2 한국인 K는 질문에 'It'll be great'이라고만 대답함. 이 표현은 주장 또는 의견인데, 한국인 K는 그 이유에 대해서는 전혀 말하지 않음.

3 한국인 K가 이유를 말하지 않았기 때문에 미국인 A는 한국인 B의 주장을 납득하기 위한 이유를 듣고 싶어, 다시 'Why do you think so?'라고 질문함.

4 그때 한국인 K는 'I'm going hiking'이라고 이유를 말함. 그러나 구체적인 예를 제시하지 않기 때문에 그 이유에 설득력이 없음.

5 미국인 A는 왜 하이킹을 가는 게 휴가를 멋지게 만들어 주는지 아직 충분히 이해하지 못한 상황이기 때문에 다시 하이킹의 어떤 면이 좋은지 질문함.

6 그에 대해 드디어 한국인 K는 하이킹을 가는 게 좋은 예를 듦.

7 미국인 A는 겨우 한국인 K가 대화 시작 부분에서 말했던 주장 'It'll be great'을 뒷받침하는 이유와 예를 이해할 수 있게 되어 멋진 휴가를 보낼 것이라고 생각하게 됨.

어떻게 생각해도 이런 대화는 효과적인 의사소통이라고 하기 어렵습니다. 그런데 이야기 상대가 영어의 메시지 디자인에 익숙해져 있지 않은 경우, 정도의 차이는 있지만 이런 대화가 자주 이루어집니다. 그러면 한국인 K가 적절한 영어의 메시지 디자인을 사용했을 경우 의사소통은 어떻게 바뀔까요?

미국인 A: **I heard you decided to go to Australia for your vacation. How do you think your trip will be?**

휴가 때 호주에 가시기로 했다고 하던데요. 여행은 어떨 것 같으세요?

한국인 K: **It'll be great, because I'm going hiking. I just love the clean air, natural beauty, and good exercise.**

좋을 것 같아요. 하이킹하려고 하거든요. 깨끗한 공기와 자연의 아름다움 그리고 운동하는 걸 좋아하거든요.

미국인 A: **It sounds like you'll have a wonderful trip. Have a great vacation!**

멋진 여행이 될 것 같은데요. 여행 잘 다녀오세요!

미국인 A는 흥미로운 화제를 꺼내 그에 대해 질문함으로써 대화를 시작하고 있습니다. 한국인 K는 그에 협력적으로 대답하며 주장과 이유를 말하고 그 이유를 납득할 수 있게 예도 들어 줍니다. 의사소통이 낭비 없이 척척 진행되었으니 서로 좋은 대화를 나누었다는 인상을 가지지 않을까요? 처음 예는 한국인 K의 의견을 이해하기 위해 미국인 A가 정보를 끌어내려고 마치 형사처럼 심문했지만, 두 번째 예에서는 그럴 필요가 전혀 없습니다.

두 대화의 차이를 느끼셨나요? 영어의 메시지 디자인 방법을 사용한다면 원어민은 훨씬 더 여러분의 이야기를 쉽게 받아들이고, 여러분과의 대화를 즐기게 될 것입니다.

☞ 정리합시다

☑ 메시지를 전달할 때 쓰는 생각의 구성 방법이 영어 원어민과 한국인은 다르다.

☑ 영어의 사고 구성 방법을 잘 활용하면 원어민과의 의사소통을 성공적으로 이끌 수 있다.

메시지 디자인의
기초

메시지 디자인이 커뮤니케이션에 미치는 영향을 이해하셨다면, 이제 효과적으로 영어 메시지를 디자인하는 법을 배워 보기로 합시다. 먼저 메시지 디자인의 기초적인 방법을 이해하고 나서 실전으로 들어가겠습니다.

메시지 하우스를 그려 본다

자신의 의견을 말하거나 남을 설득할 때 전달하려는 생각을 집으로 떠올리면 효과적인 구성이 가능해집니다. 그렇게 해서 만들어진 생각은 간결하지만 논리적이고 설득력이 있어 좋은 영향력과 인상을 남길 수 있습니다. 강력하게 메시지를 구성해 주는 집을 저는 '메시지 하우스Message House'라고 부르고 있습니다.

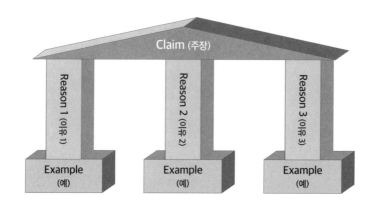

메시지 하우스는 세 개의 부분으로 이루어져 있습니다. 우선 이 집의 지붕은 '주장Claim'입니다. 이는 상대방에게 말하는 게 사실이라고 믿게 하거나 어떤 행동을 요구하는 것입니다. 앞서 든 예로 말하자면, 'We should go inside'와 'It'll be great'가 각각 이 부분에 해당합니다. 이 부분은 대화의 요점이기도 하고 의견이나 문제의 해결법이기도 합니다.

주장인 지붕은 '이유Reason'라는 기둥이 받치고 있습니다. 각각의 이유는 주장이 사실로 받아들여지도록 돕습니다. 이유는 말하는 사람이 주장을 뒷받침하기 위해 머릿속에서 선택하거나 만들어낸 내용입니다.

또 이유라는 각 기둥은 하나 이상의 '예Example'를 토대로 뒷받침돼야 합니다. 이 예에는 말하는 사람 또는 그 밖의 사람에 의해 수집된 사실, 자료, 증거, 구체적인 정보 등이 포함됩니다. 예는 주장과는 달리, 말하는 사람과 듣는 사람을 포함하여 누구나 손에 넣을 수 있고 공유됩니다.

앞서 제시한 메시지 하우스 그림에서는 세 개의 이유가 주장을 뒷받침하고 있는데, 이유의 수는 그때그때 달라질 수 있습니다. 가령 단순한 주장 'We should go inside'의 경우는 하나의 이유 'because it's starting to rain'으로 충분합니다. 반면 중대한 주장은 두 개 이상의 이유가 뒷받침되어야 합니다.

그럼, 이 메시지 하우스를 사용한 커뮤니케이션이 구체적으로 어떻게 되는지 보도록 합시다.

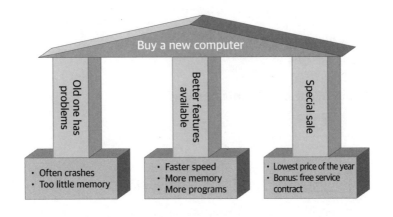

먼저 말하는 사람은 지붕인 주장 'You should buy a new computer(새 컴퓨터를 사셔야 합니다)'로 대화를 시작합니다. 그 주장을 뒷받침하는 기둥이 되는 이유는 다음 세 가지입니다.

1. The old one has problems. 오래된 컴퓨터에 문제가 있다.

2. Better features are available on new models.
더 나은 기능을 새로운 모델에서 사용할 수 있다.

3. A special sale is going on. 특가 할인을 하고 있다.

그리고 납득할 수 있는 예시나 증거가 각각의 이유를 뒷받침하고 있습니다. 이유 중 하나인 'The old one has problems'에 대한 설득력 있는 예시는 아래와 같이 제시되어 있습니다.

- **The old one often crashes.**
  오래된 컴퓨터가 자주 고장을 일으킨다.

- **The old one has too little memory.**
  오래된 컴퓨터는 메모리가 너무 적다.

앞서 언급했다시피 영어로 하는 효과적인 의사소통에서는 말하는 사람의 주장이 먼저 나오고 그 뒤에 반드시 이유가 이어지는 게 기본입니다. 또 그 이유를 뒷받침하는 증거가 이어집니다. 이것을 메시지 하우스에서 보면 지붕(주장)에서부터 기둥(이유), 토대(예) 순으로, 위에서 아래로 진행됩니다. 또 마지막에 결론을 말하는 경우에는 처음에 한 주장을 약간 말을 바꾸어 다시 한번 말합니다. 보통 목수는 토대부터 위를 향해 집을 짓지만, 메시지 하우스는 지붕부터 아래로 향해 메시지를 디자인하고, 마지막에 다시 한번 지붕으로 돌아간다는 것을 잊지 맙시다.

메시지 하우스로 강하게 전달한다

비어 있는 메시지 하우스에 주장, 이유, 예를 써넣으면 논리적이고 설득력 있는 아이디어가 즉석에서 완성됩니다. 사실, 메시지 하우스는 미국에서 대기업은 물론이고 설득과 지지를 얻어야 하는 대통령 연설에도 사용되고 있습니다. 또 전 세계 많은 국가의 정부 관계자도 메시지 하우스를 이용합니다. 영어권 문화에서 온 것은 분명하지만, 특정 언어를 넘어 정치인과 경제인들에게 절대적인 신뢰를 받고 있는 대표적인 커뮤니케이션 방법입니다.

하지만 그렇다고 해서 메시지 하우스가 대기업이나 정치에서만 활용되는 것은 절대 아닙니다. 남들이 납득할 만한 확실한 생각을 전하고 싶을 때는 언제 어디서든지, 영어로든, 한국어로든 상관없이 메시지 하우스를 이용할 수 있습니다. 예를 들면 오늘 저녁은 외식을 하고 싶어 가족의 찬성을 얻어내고 싶을 때, 대다수의 의견에 반론할 때, 주요 고객과의 거래 계약을 꼭 성사하고 싶을 때, 프레젠테이션에서 상사와의 합의를 이끌어 내고 싶을 때 등등 어떤 상황이든 메시지 하우스를 활용하면 자신의 주장을 멋지게 관철할 확률이 높아집니다.

• 비아그라에 관한 질문에도 대처한 메시지 하우스

비아그라가 상용화된 지 얼마 지나지 않았던 2000년대의 일입니다. 오십대 이탈리아 남자가 심장발작으로 쓰러졌다가 간신히 목숨을 건진 사건이 발생했습니다. 그 남자의 아내가 발기부전치료제인 비아그라를 남편 몰래 와인에 넣었는데 남자가 와인을 마신 직후 쓰러졌고, 이후 실려 간 병원에서 '중증 심근경색'이라는 진단을 받게 되었습니다.

이 사건으로 인해 비아그라가 심장발작을 유발하는 게 아닌가 하는 우려가 폭발적으로 증가했고 비아그라 제조사에는 언론매체의 문의 전화가 쇄도했습니다. 그때 비아그라 제조사의 담당자는 아래와 같은 메시지 하우스를 만들었습니다.

주장: 비아그라는 안전하며 의사에게 처방받는 한 심장발작을 일으킬 위험은 없다.

이유 1: 당사에서 만든 약의 안전성은 광범위한 임상 실험으로 검증을 마쳤다.
이유 1의 예: 연구자는 36회의 이중맹검법(환자와 의사에게는 치료 약과 가짜 약의 구별을 알리지 않고 제3자인 판정자만이 그 구분을 알고 있는 약효의 검증법)을 실시해 피실험 남성 4,500명이 비아그라를, 3,000명이 가짜 약을 투여 받은 바 있다.

이유 2: 이 약은 전 세계에서 처방되고 있으며 복용한 사람에게 심장발작이 증가한 경향은 인정되지 않는다.
이유 2의 예: 세계적으로 천만 명 이상의 남자가 3억 정을 복용하고 있지만, 이들에게 심장발작이 증가한 사실은 없다.

이유 3: 100개국 이상의 식품의약품안전청에 의해 인가받았다.
이유 3의 예: 각국의 식품의약품안전청이 독자적인 평가를 실시한 결과, 발기부전으로 고민하는 건강 상태가 양호한 남성에게 위독한 부작용은 인정되지 않았다.

메시지 하우스를 사용할 때 주의할 점

메시지 하우스는 강력한 메시지를 구축해 주지만 사용법이 잘못되면 효과가 반감될 수 있으므로 다음 두 가지 점을 주의해야 합니다.

❶ 이유는 주장과 관련돼야 한다

가장 중요한 점은 이유를 말할 때 그 이유가 주장과 적절하게 관련되어 있어야 한다는 것입니다. 예를 들어 앞에 든 예문 'We should go inside, because it's starting to rain'의 경우 주장과 이유의 관계가 분명합니다. 하지만 'We should go inside, because it's Tuesday'였다면 어떨까요? 상식적으로 볼 때 '화요일'과 '안으로 들어가려는 결정' 사이에는 아무런 관계가 없습니다. 그렇기 때문에 'We should go inside'의 주장을 효과적으로 하기 위해서는 'because it's Tuesday and we have our weekly staff meeting'처럼 화요일을 특별한 사건과 관련지어 주장이 납득되도록 이유를 말할 필요가 있습니다.

❷ 영어권에서 인정받는 정당성을 고려해야 한다

'설득력 있는 이유'라는 게 간단해 보이지만 문화마다 차이가 있어서 한국 문화에서의 정당성이 영어권 문화에서는 받아들여지지 않을 수도 있습니다. 구체적으로 'You should buy a new computer'라는 주장을 하면서 드는 다음의 이유(A~F)를 검토해 보면 그 의미를 잘 알 수 있습니다.

You should buy a new computer.
새 컴퓨터를 사셔야겠어요.

(A) Because our president said so. [권위]
사장님이 그렇게 하라고 하셨거든요.

(B) Because I am older than you are. [우위]
당신보다 내가 더 나이가 많기 때문이죠.
→ older 대신 better/smarter/bigger의 경우도 해당

(C) Because you suggested this great idea. [아부]
당신께서 이런 대단한 제안을 해주셨기 때문이죠.

(D) Because if you don't, I'll quit the project. [협박]
그렇게 해주지 않으면 전 이 프로젝트를 그만둘 거니까요.

(E) Because if you will, I'll stay late to work on the project. [거래]
그렇게 해주면 늦게까지 프로젝트를 위해 일할 거예요.

(F) Because the old computer is broken.
오래된 컴퓨터가 고장 났거든요.
→ 주장과 관련 있는 합리적 이유

(A)의 'Because our president said so'는 권위에서 그 이유를 찾고 있습니다. 권위에서 이유를 찾는 것은 직급이나 나이 등 윗사람을 존중하는 한국 문화에서는 있을 수 있는 일인지도 모르지만, 국제적 의사소통에 있어서는 근거가 매우 약합니다. 그리고 횡포라고도 볼 수 있는 상사의 지시에 듣는 사람은 의문을 갖습니다. 또 권위에 호소하는 것은 어린아이

같은 인상을 줍니다.

(B)의 이유 'Because I am older than you are'도 상대방을 화나게 만들어 의사소통이 실패로 돌아갈 수 있습니다. 여기에서 older than은 '나는 당신보다 오래 일했으니까', '나는 당신보다 지위가 높으니까', '나는 당신보다 머리가 좋으니까'와 같은 우위, 즉 better than을 나타내는 이유를 대표하고 있습니다. '이런 (우위에 있는) 내가 말하는 것이니까 (들어야 한다)'라는 이유를 대는 것은 민주적인 대화에서는 전혀 통하지 않습니다. 서로 동등한 입장에서 이유를 대고 이를 뒷받침하는 예를 제시하는 게 중요합니다.

또 (C)의 이유처럼, '당신이 이 훌륭한 생각을 제안했으니까'라는 아부성 멘트 역시 설득력이 떨어집니다. 듣는 사람은 좋아할지도 모르지만 이 이유에는 많은 사람을 납득시킬 수 있는 논리가 어디에도 없습니다.

(D)나 (E)와 같이 협박이나 거래로 설득하려는 사람도 있지요. 이런 경우는 가족 사이에서나 통할 뿐 주장 자체의 정당성이 빈약하고 그것을 뒷받침하는 이유가 충분하지 않습니다.

마지막에 있는 (F)는 어떻습니까? 컴퓨터가 고장 나서 새로 사야 한다는 사실은 가장 설득력 있는 이유로, 주장과 관련된 합리적인 설명입니다. 외적인 요소에서 이유를 찾지 않고 주장하는 바의 본질을 이유로 호소하고 있습니다. 영어로 하는 의사소통에서 가장 설득력 있는 이유는 이와 같이 쉽고 이치에 맞아야 합니다.

영어권 문화에서 받아들여지는 이유와 함께 내세우는 주장은 효과적인 의사소통을 하기 위해서는 빼놓을 수 없습니다. 그림으로 알아볼까요?

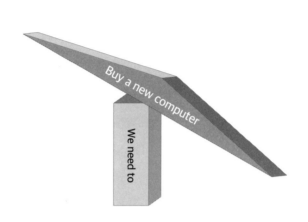

만일 여러분이 'You should buy a new computer'라고 주장한 뒤 권위에 호소하거나, 협박하거나, 아첨하는 말을 담은 이유를 대면 메시지 하우스는 무너지고 맙니다. 그런 이유는 주장을 정당화하고 지지하기에 근거가 빈약해 부정당하기 쉽기 때문입니다. 또 'You should buy a new computer, because we need to' 등으로 적당히 얼버무려 납득시킬 이유를 말하지 않는 경우도 효과가 없습니다. 영어권 문화에서 어떤 주장에 대한 설득력 없는 이유는 든든하게 지탱하는 기둥이 없는 것과 마찬가지이기에 쉽게 무시당하게 됩니다.

메시지를 쉽게 구성하는 스피킹 공식

물론 메시지 하우스 그 자체를 머리에 그리면서 혹은 글로 쓰면서 메시지를 구성해도 괜찮지만, 초보자가 더 쉽게 사용할 수 있는 방법이 있습니다. 전하고 싶은 메시지를 다음 스피킹 공식에 적용하시면 됩니다.

> 공식: I think **X**, because **Y**. For example, **Z**.
> 저는 X라고 생각합니다. 왜냐하면 Y이기 때문입니다. 예를 들면 Z입니다.

X에는 주장, Y에는 이유, 그리고 Z에는 이유를 뒷받침하는 예가 들어갑니다. 영어로 말할 때 이 간단한 공식을 염두에 두고 그것에 따르기만 하면 여러분의 의견을 영어권 문화에 맞는 효과적인 방법으로 자연스럽게 표현할 수 있게 됩니다. 이해를 돕기 위해 실제 예를 공식에 대입해 봅시다.

I think **the economy is improving,** because **consumers are buying more clothing.** For example, **stores in the mall have been crowded every weekend with customers purchasing new clothes for fall.**
저는 경제가 회복되고 있다고 생각해요. 왜냐하면 소비자들이 더 많은 옷을 구입하고 있거든요. 예를 들어 쇼핑몰에 있는 가게들이 가을에 입을 새 옷을 구입하는 고객들로 주말마다 붐비고 있어요.

비교적 간단하면서도 효과적인 공식이므로 자연스럽게 메시지를 구성할 수 있게 될 때까지 실제 커뮤니케이션에서 잘 활용하면 좋겠습니다.

'주장 – 이유 – 예시'의 순서는 성공적인 커뮤니케이션의 핵심

위에서 소개한 스피킹 공식은 단순하지만 매우 유용합니다. 왜냐하면 이 공식은 자신의 생각을 말할 때는 '주장', '이유', '예시'를 반드시 포함해야 한다는 것만 가르쳐 주는 것이 아니라, 그 요소들을 어떤 순서로 나열하면 좋을지도 생각나게 해주기 때문입니다.

'주장 – 이유 – 예시'의 순서를 지키는 것은 영어 커뮤니케이션의 성패를 좌우할 정도로 중요합니다. 순서의 중요성은 가이드의 안내를 받는 관광객을 상상해 보면 이해하기 쉽습니다. 가이드가 최종 목적지를 알려주지 않고 계속 걷기만 하면서 '자, 여기서 돌아주세요', '이쪽으로 갑시다' 하고 안내한 뒤, '도착했습니다. 여기가 목적지인 유명한 관광지입니다' 라고 한다면 관광객들은 어이없을 뿐 아니라 내내 불안함을 느낄 것입니다. 좋은 가이드라면 먼저 '유명한 관광지 ○○○로 안내하겠습니다'라고 여행자에게 목적지를 말해 주고 난 후 길을 안내할 것입니다. 이 방법이 원어민의 머릿속에 있는 효과적인 생각 구성법입니다. 최종 목적지(주장, 요점)를 알려주고 행동(이야기)의 목적을 설명하는 것이죠.

순서에 따라 달라지는 메시지

메시지의 구성요소를 어떤 순서로 배치하느냐에 따라 의사소통이 어떻게 달라지는지 구체적으로 살펴봅시다. 다음은 어떤 투자자의 질문에 대한 회사원 A와 B의 대답입니다. 영어권 문화에서 어느 쪽이 논리적이고 설득력 있는 답변인지 골라 보세요.

투자자의 질문:

How much growth does your company expect next year?

회사가 내년에 얼마나 성장할 거라고 예상하십니까?

회사원 A의 대답:

We estimate about 10%. We are currently expanding our market share in both Europe and the U.S., where our sales have increased by 2,000 units. In addition, we will be hiring fifteen programmers and customer support staff to handle the increased sales.

10퍼센트 정도 예측하고 있습니다. 현재 유럽과 미국에서 시장점유율이 올라가고 있습니다. 두 곳에서 판매량이 2,000대 상승했습니다. 우리는 또한 15명의 프로그래머와 고객센터 직원을 고용해서 늘어난 판매량을 처리할 예정입니다.

회사원 B의 대답:

Here is our current situation. Last year in Europe and the U.S., we sold a total of 25,000 units, and our latest estimates expect U.S. sales to increase by another 2,000 units. So the company is on track to grow about 10% next year. The increase in sales also means that we will be hiring fifteen new employees to manage programming and customer support issues.

우리 상황은 이렇습니다. 우리는 작년 유럽과 미국에서 총 2만 5천 대의 제품을 팔았습니다. 그리고 최근 추산으로는 미국 내 판매량이 2천 대 정도 증가할 것으로 예상하고 있습니다. 따라서 저희 회사는 내년에 약 10%의 성장을 달성할 전망입니다. 또한 매출 증가로 인해 회사는 프로그래밍 및 고객 지원을 위해 15명의 신규 채용을 할 예정입니다.

자, 회사원 A와 B 중 보다 좋은 답변은 어느 쪽이라고 생각하십니까? 회사원 A의 대답은 질문에 대한 명확한 주장으로 시작해서 그 주장을 뒷받침하는 이유와 예가 뒤따르고 있습니다. 이유와 예가 명확히 구분되어 있는 것은 아니지만, 처음에 주장이 나와 있으면 문제없습니다. 왜냐하면 이야기가 도달할 곳을 이미 말했기 때문에 다소 경계가 애매한 이유와 예를 들어도 주장과 쉽게 연관 지어 이해할 수 있기 때문입니다.

하지만 또 다른 회사원 B의 대답은 어떨까요? 먼저 예를 설명하고, 그다음에 질문에 대답하고 있습니다. 그리고 마지막 문장에서 다시 예를 들고 있기 때문에 세 번째 문장이 대답의 요점이라는 것을 알기 어렵습니다. 듣는 사람은 회사원 B가 질문을 잘못 이해한 것이 아닐까 생각할 수도 있습니다.

이처럼 전달하려는 메시지의 요소를 어떤 순서로 배치하느냐가 커뮤니케이션에 미치는 영향은 막대합니다. 특히 주장이나 요점을 먼저 명확하게 말하는 것은 효과적인 커뮤니케이션에서 매우 중요합니다. 하지만 회화 공식만 떠올릴 수 있다면 순서가 바뀌는 일은 없으니 훌륭하게 대화를 이끌 수 있을 것입니다.

- **I think that... 제 생각에는**

  ⇨ 회화 공식 중 일부로 주장을 말하는 대표적인 예.

- **In my view, ... 제 견해로는**

  ⇨ 주장을 세련되게 표현할 때 쓴다. In my opinion과 같은 뜻이지만 더 전문적인 느낌이 있다.

- **My point is... 제가 말하고자 하는 요점은**

  ⇨ 일반적인 주장을 말하는 표현. 'My claim is...'는 회화에서 거의 쓰이지 않으므로 주의할 것. 그 이유는 명사인 claim은 주로 논리적인 토의를 할 때 쓰는 단어로 대화에는 어울리지 않기 때문이다. 작문을 할 때는 'Dr. Vance claims that a message house is essential for good English communication(반스 박사는 메시지 하우스가 효과적인 영어 의사소통에 필수적이라고 주장한다)'처럼 쓰이기도 한다.

👉 정리합시다

☑ 영어로 의사소통할 때는 먼저 '주장'을 말하고 나서 '이유'와 '예'로 뒷받침할 수 있어야 한다.

☑ 메시지 하우스는 생각을 구성할 때 효과적이다.

☑ 영어권 문화에서 정당한 이유로 주장을 뒷받침할 수 있으면 어떤 상황에서든 성공적인 의사소통을 할 수 있다.

☑ 초보자를 위한 '메시지 하우스'의 스피킹 공식(I think X, because Y. For example, Z)을 활용해 저절로 이 공식대로 말할 수 있을 때까지 연습해 보길. 반드시 실전에서 유용하게 써먹게 될 것이다.

효과적인 커뮤니케이션을 위한 액티브 리스닝

말을 들을 때에도 메시지 디자인은 유용하다

지금까지 영어를 더욱 효과적으로 전달하기 위해 '메시지 하우스'와 '스피킹 공식'을 사용한 영어의 사고 구성 방법에 대해 배웠습니다. 혹시 실전에서 진짜 사용할 수 있을까 주저하는 마음이 드는 독자가 계신다면 이 말씀을 꼭 드리고 싶습니다. 메시지 디자인은 단순히 '영어'를 말하는 데에만 적용되는 것이 아니라 이미 전 세계 정부 관계자들이 다양하게 활용하고 있는 이른바 공인된 커뮤니케이션 기술입니다. 따라서 여러분이 어떤 언어를 사용하든, 또한 어떤 상황에 놓여 있든 자기 생각을 상대방에게 납득시키고 싶을 때 든든한 무기가 되어줄 것입니다.

그리고 또 한 가지! 메시지 디자인은 자신이 말할 때뿐만 아니라 다른 사람의 말을 들을 때에도 효과적입니다. 상대방이 별로 말을 잘하는 사람이 아니어도 의사소통을 성공적으로 이끄는 수단이 될 수 있습니다.

그렇다면 듣는 입장에서 메시지 디자인을 효과적으로 이용하는 방법은 구체적으로 어떤 것이 있을까요? 여러분 중 혹시 '액티브 리스닝Active Listening'이라는 말을 들어 보신 분 있으신가요? 액티브 리스닝은 번역하면 '적극적인 청취'가 될 텐데요, 영어를 단지 '이해Comprehend'하면서 듣는 게 아니라 '생각'하면서, 즉 머릿속으로 '정리하고, 평가하고, 요약(Organize → Evaluate → Summarize)'하면서 들으라는 겁니다. 생각하면서 들으면 그냥 듣고 있게 되지 않고 때로는 질문을 하거나 이야기 내용을 확인하게 됩니다.

액티브 리스닝은 말하는 이와 듣는 이가 협력해야 효과적인 커뮤니케이션이 될 수 있다는 생각에서 유래합니다. 액티브 리스닝을 실천하면 말하는 사람과 듣는 사람 사이에 오해와 불만이 쌓이지 않습니다. 왜냐하면 말하는 사람은 듣는 사람이 자신의 이야기를 제대로 이해했는지 불안해할 필요가 없고, 듣는 사람은 말하는 사람의 설명이 불충분해서 이해가 안 간다는 불만을 가질 필요가 없어지기 때문입니다.

그런데 커뮤니케이션의 구세주라고도 불리는 액티브 리스닝을 잘 실천하는 방법 중 하나가 바로 메시지 디자인을 이용하는 것입니다. 방법은 간단합니다. 들으면서 머릿속으로 메시지의 3가지 요소인 '주장', '이유', '예시'에 관해 다음 질문을 던지면 됩니다.

- 주장Claim에 대해

  '무엇이 요점인가?' 하고 자신에게 질문을 던져, 말하는 이가 무엇을 요구하거나 주장하고 있는지 명확히 파악한다.

- 이유Reason에 대해

  '왜 자신이 찬성해야 하는가?' 하고, 말하는 사람의 주장에 설득력 있는 이유가 있는지를 자신에게 묻는다.

- 예시Example에 대해

  '이유를 뒷받침하기 위해 어떤 사실이 제시되고 있는가?' 하고 자신에게 질문을 던져, 주장에 대한 강력한 예시나 증거가 있는가를 확인한다.

위와 같이 스스로에게 질문하면서 이야기를 듣는 액티브 리스닝은 상대방이 말하는 내용을 이해하는 데 매우 도움이 됩니다. 경험이 풍부하고 말을 잘하는 사람도 사고의 구성이 어설플 때가 많습니다. 예를 들면 이유만 말하고 있다든지, 주장에 이유가 없다든지, 이유를 뒷받침할 구체적인 예나 증거 없이 그저 추상적인 말만 계속한다든지 하는 경우입니다. 그렇기 때문에 이 3가지 요소를 염두에 두고 이야기를 들으면서 빠진 부분이 있으면 적당한 시기에 말하는 사람에게 묻도록 합니다. 다음에 제시한 간단한 문장들을 사용하면 말하는 이에게 자신의 의문점을 정확하게 질문할 수 있습니다.

- 주장이 없을 때

  What's the problem? 무엇이 문제인가요?

  What's your idea/suggestion? 당신 생각은 무엇이죠?

- 이유가 없을 때

  Why is that? 왜 그런가요?

  Why do you suggest that? 왜 그런 제안을 하시죠?

- 예나 증거가 없을 때

  Can you give me an example? 예를 들어 주시겠어요?

  In what ways? 어떤 점에서요?

위와 같은 질문으로 말하는 사람의 메시지 구성을 보완하면 틀림없이 말하는 사람이나 함께 듣는 사람들에게 여러분의 세련된 태도를 어필할 수 있을 뿐 아니라 효과적인 의사소통이 이루어질 것입니다.

상상 이상으로 효과적인 의사소통이 이루어진다

그럼, 보다 구체적으로 액티브 리스닝의 효과에 대한 예를 들어 보겠습니다. 다음은 차를 구입하고 싶은 A가 자동차 영업소를 찾아가 영업사원 B와 나눈 대화입니다. 굵은 글씨에 주목하면서 읽어 보십시오.

A: **Hello, I need to buy a car.**

안녕하세요, 차를 사려고 하는데요.

B: **Okay, we have many good choices here. Look around and see if you find something you like.**

잘 오셨습니다, 좋은 차들이 많이 있습니다. 둘러보시고 마음에 드는 걸 골라 보세요.

A: **What's your suggestion?** 추천해 주실 것이 있나요?

B: **Oh, I always like to recommend the Rainbow.**

아, 저는 항상 레인보우를 권해 드립니다.

A: **Why is that?** 이유가 있나요?

B: **It's a safe car, and very reliable.**

안전성이 높고 제품이 믿을 만하거든요.

A: **So, in what ways is it safe?** 어떤 점에서 안전한가요?

B: **Well, it has advanced air bags and a better type of seatbelt.**

음, 최신 기술력으로 만든 에어백이 장착되어 있고요, 안전벨트도 좀더 좋은 제품입니다.

A: **And, you mentioned it's reliable. Can you give me an example?**

그리고 믿을 만하다고 하셨는데요, 구체적인 예를 들어 주시겠어요?

B: **Sure. We have a repair shop here, and customers bring this car in to get fixed much less often than any other car, even after they have owned it for three years.**

물론이죠. 여기에 카센터가 있는데요, 손님들께서는 이 차를 다른 어떤 차보다 훨씬 덜 고치러 오십니다. 이 차를 3년 넘게 쓰셔도 말입니다.

자, 이 대화를 읽고 어떤 인상을 받으셨습니까? A에게 메시지 디자인에 관한 지식이 있어서 액티브 리스닝으로 이용하고 있다는 것을 느끼셨 나요? 다시 말해 A는 B의 대답을 듣고 사고의 구성요소(주장, 이유, 예시) 중 빠져 있는 것을 보충하기 위해 질문을 했고 그 결과 자신이 필요로 하는 정보를 충분히 얻을 수 있었습니다.

만일 A가 메시지 디자인을 토대로 한 액티브 리스닝을 하지 않았다면 영업사원치고는 말이 서툰 편인 B로 인해 불만이 쌓였을 것입니다. 원했 던 정보를 얻지 못한 정도가 아니라 대화가 잘 이어지지 않아 분위기가 어색해졌을 수도 있겠지요.

그런데 만일 B가 회사 워크숍을 통해 메시지 하우스를 알게 되었고 그 구성 방법을 잘 이용했다면 대화는 어떻게 진행되었을까요?

A: **Hello, I need to buy a car.** 안녕하세요. 차를 사려고 왔는데요.

B: **Okay, we have many good choices here. Look around and see if you find something you like. But may I make a suggestion?** 잘 오셨습니다. 여기 좋은 차들이 많이 있습니다. 천천히 둘러보시고 마음에 드는 것을 골라보세 요. 그런데 제가 하나 추천해 드려도 될까요?

A: **Sure.** 좋습니다.

B: **Well, I think you should buy the Rainbow, because it's a safe car, and very reliable. For example, it has advanced air bags and a better type seatbelt. And we have a repair shop here, and customers bring this car in to get fixed much less often than any other car, even after they have owned it for three years. So I think you would be very happy with the Rainbow. Would you like to take it for a test-drive?**

음, 손님께서는 레인보우를 사셔야 할 것 같습니다. 안전하고 아주 믿을 만한 모델이거든요. 예를 들면 최신 기술로 만든 에어백이 있고요, 안전벨트도 더 좋은 제품입니다. 여기에 카센터가 있는데요, 손님들은 다른 어떤 차보다 이 차를 수리하러 오는 경우가 적었습니다. 이 차를 구입한 지 3년이 지났는데도 말입니다. 그래서 손님께서 레인보우를 구입하시면 만족하실 거라고 생각합니다. 시범 운전을 해보시겠습니까?

두 사람의 대화는 이렇게 확 바뀝니다. 이제 B의 이야기는 '주장', '이유', '예시'의 순서로 세 가지 메시지 구성요소를 충족하며 강력한 설득력으로 고객 A를 사로잡고 있습니다.

이 두 대화의 예에서 알 수 있듯, 영어의 사고 구성 방법을 활용하면 이렇게 효과적인 의사소통이 가능해집니다. 더욱 중요한 것은 그 기술을 말하는 사람과 듣는 사람 모두가 사용해야만 하는 것은 아니라는 점입니다. 적어도 한 사람이 효과적인 사고의 구성 방법을 사용한다면 커뮤니케이션이 잘 이루어질 수 있습니다. 다시 말해 여러분은 이 책을 통해 어떤 상황에서든 효과적인 커뮤니케이션을 이끌어갈 수 있는 놀라운 능력을 갖추게 되신 겁니다.

👉 정리합시다

☑ 듣는 입장일 때도 메시지 디자인에 관한 지식을 이용한 액티브 리스닝이 커뮤니케이션의 효과를 높인다.

☑ 메시지 디자인을 토대로 한 액티브 리스닝이란 '주장', '이유', '예시'의 3요소를 파악하기 위한 질문을 염두에 두고 이야기를 듣는 것이다.

✦ 한국식 영어 탈출법 6 ✦

이번 장의 앞부분에서 말씀드렸듯이 메시지 디자인은 해당 언어의 문화적 배경에 따라 달라집니다. 예일대에서 만난 많은 한국인 유학생과 직장인들을 관찰한 결과 한국어의 사고 구성은 크게 세 가지 면에서 영어의 구성법과 다르다는 것을 발견했습니다. 이런 문화적 차이와 구성법의 차이가 의사소통에 있어 다양한 문제를 일으킬 수 있습니다. 듣는 사람을 당황스럽게 만들 수도 있고 이해하기 힘들어 지치는 대화가 불만으로 이어지는 일도 있겠지요. 또 실제 자신의 성격, 경험, 교육 수준에 어울리는 인상을 남기지 못하는 일도 많습니다. 여기서는 여러분이 이러한 문제를 겪지 않고 국제적인 의사소통을 할 수 있도록 그 세 가지 차이점에 대해 말씀드리려고 합니다.

먼저, 메시지 구성 방법을 의도적으로 영어식으로 바꾸어 보세요. 그렇게 하는 동안에 점점 영어로 말할 때는 아주 자연스럽게 구성 방법을 바꿀 수 있게 되어 일상적인 대화부터 비즈니스 협상까지 한층 자연스러운 의사소통을 할 수 있게 됩니다.

문제 유형 1 ▶ 주장까지만 말하고 그치는 경우

'I think X, because Y. For example, Z'를 염두에 두고 이야기를 전개하세요. 그렇지 않으면 여러분과 대화하는 상대방은 지금 '이유'랑 '예'가 궁금해 숨이 넘어갈 지경일 수도 있습니다.

주장까지만 말하고 이유와 그 주장을 뒷받침하는 것을 그냥 지나치는 경우가 많은 것이 한국어 메시지의 특징입니다. 또 이유와 예를 들었을 때 주장의 본질에 관련된 타당한 이유보다는 직접 관련이 없는 것이 등장하는 경우도 종종 있습니다.

영어 의사소통에 있어서 주장만 있고 뒷받침하는 이유와 예가 없다면 설득력이 부족한 것은 물론이고 상대방에게 불만이 쌓일 수도 있습니다. 일상생활에서의 사소한 주장부터 비즈니스 협상을 성공시키기 위한 주장까지, 주장의 레벨에 상관없이 영어로 말할 때는 회화 공식 'I think X, because Y. For example, Z'을 염두에 두고 전개하도록 하십시오. 공식이 전하고자 하는 메시지를 재빨리 순서대로 배열하면 논리성과 설득력이 커질 것입니다.

한국어식 메시지 구성 방법의 두 번째 특징은 아래 그림에 잘 나타나 있습니다.

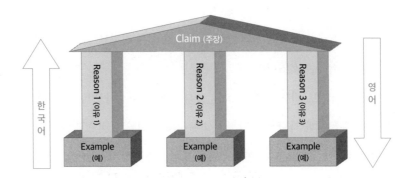

화살표로 표시되어 있듯이 메시지의 배열 순서가 한국어와 영어는 완전히 정반대입니다. 한국어의 배열 순서는 토대부터 정성껏 집을 지어나가는 목수와 같아서 메시지 하우스의 밑에서 위로 향하는 의사소통 방식입니다. 앞서 예를 든 한국인 매니저의 보고도 이와 같습니다. 특히 과학 분야를 공부하신 분은 데이터를 기반으로 한 근거부터 시작해 마지막에 결과를 말하는 이런 스타일을 더 익숙해합니다.

하지만 한국어식 메시지 구성은 아무리 논리적이어도 원어민의 관점에서는 이해하기가 쉽지 않습니다. 말하는 사람의 주장을 듣기 위해 마지막까지 기다려야 하므로 이야기 도중에 지루해지거나 산만해지는 일도 있으며, 주장이나 요점을 겨우 알게 되었을 때는 그것을 뒷받침하는 이유나 예를 잊어버리기도 합니다. 따라서 효과적인 커뮤니케이션이란 듣는 사람을 기준으로 둔다는 것을 명심하고 우선 주장으로 시작해서 그다음에 그 주장에 대한 이유와 예를 들어 설명하는 것이 좋습니다.

문제 유형 3 갑작스럽게 본론 말하기

끝으로 소개하고 싶은 한국어식 영어의 특징은 전화를 걸어 갑작스럽게 본론을 꺼내는 것입니다.

우선 한국어로 하는 전화 통화를 잠시 떠올려 봅시다. 방금 통화한 사람이나 아주 친한 사람과의 편한 대화를 제외하면 일반적으로 전화를 걸어서 단도직입적으로 본론으로 들어가지는 않죠? 그런데 영어로 전화 통화를 할 때는 많은 한국인들이 서둘러 용건부터 말하려는 경향이 두드러지게 나타납니다. 용건 이외의 인사나 스몰 토크를 더 어려워하기 때문에 벌어지는 현상이 아닐까 합니다. 하지만 이는 상대방을 상당히 당황스럽게 만드는 행동입니다.

그렇다면 원어민을 당황스럽게 만들지 않는 통화의 시작은 어떠해야 할까요? 물론 상대방에 따라 통화의 내용은 다르겠지만, 일반적으로 영어에서는 전화 통화의 도입부는 '인사 - 칭찬 - 용건으로의 도입'이라는 3단계로 이루어져 있습니다. 회사원 길동(이하 G) 씨와 고객 크리스(이하 C)와의 대화를 예로 들어 보겠습니다.

❶ 인사

G: **Hello, Chris. This is Gildong from ABC Company.**
안녕하세요, 크리스. ABC사의 길동입니다.

C: **Hi, Gildong, how are you doing?**
안녕하세요, 길동 씨, 잘 지내시나요?

G: **Fine thanks, and you?** 그럼요, 당신도 잘 지내시죠?

C: **Good!** 그럼요!

❷ 칭찬

G: **Well, Chris, thank you for taking the time to review our proposal and for sending us the supporting information.**
저, 크리스, 우리 제안을 검토해 줘서 고맙고요, 보충 자료를 저희에게 보내주신 것도 감사해요.

C: **I'm glad I could help.** 도움이 되셨다니 기쁘네요.

❸ 용건으로의 도입

G: **So, you mentioned in your email that you had some questions about the timeline …**
(통화의 본론으로 들어간다)
이메일에서 일정표에 대해서 몇 가지 질문이 있다고 하셨는데요…

우선 인사를 할 때는 자신의 이름을 말하고 상대방의 안부를 묻습니다. 그다음에는 칭찬의 말이 이어집니다. 감사의 말이나 칭찬은 누구에게나 기분 좋은 일이기 때문에 상대방은 자연스럽게 협조적이 되며, 이는 건설적인 관계를 구축해 나가는 데 매우 유용하게 작용합니다. 그리고 마지막 단계는 본론으로 옮겨가는 과정에 해당하는 부분입니다. 이때 용건을 단도직입적으로 꺼내는 것이 아니라, 본론의 배경이나 상황을 살짝 전달하는 것이 포인트입니다. 용건을 카메라의 피사체에 비유한다면 이 도입 부분은 줌인하기 전에 카메라의 렌즈를 피사체로 향하게 하는 과정이라고 할 수 있습니다.

이 통화의 3단계는 친한 지인과의 편한 통화 외에는 대부분의 경우에 간편하게 적용할 수 있습니다. 이미 안면이 있거나 연락을 취한 적이 있는 상대방, 예를 들면 비즈니스 파트너나 사내의 다른 부서 사람과의 대화도 내용을 조금 바꾸는 것만으로 자연스러운 의사소통을 전개할 수 있습니다.

물론, 응용이 필요한 경우도 있습니다. 일상생활에서 자주 겪을 만한 경우로, 만난 적 없는 상대방에게 무언가 요청하는 상황이 있습니다. 예를 들면, 항공사나 호텔에 예약 전화를 한다거나 뭔가 주문을 할 때 등이 이에 속합니다. 그럼, 항공편 예약 변경을 위해 항공사에 전화를 한 연아 씨의 대화를 보도록 합시다.

항공사: **Hello, International Airlines. How may I help you?**
안녕하세요, 국제 항공입니다. 무엇을 도와드릴까요?

연아: **Hello, how are you?** (인사) **I'm calling because I have a reservation tomorrow from London to Seoul.** (용건으로 도입) **And I just found out that I need to change my departure date.**

안녕하세요. 내일로 잡혀 있는 런던발 서울행 비행기 예약 때문에 전화를 드렸는데요. 제가 출발 날짜를 변경해야 할 것 같아서요.

위의 예를 보면 먼저 인사부터 시작되는데, 앞의 예보다는 조금 간략합니다. 그리고 칭찬의 말은 이 경우 특별히 필요하지 않아 생략되어 있습니다. 그러나 'I always enjoy taking International Airlines(저는 항상 국제 항공을 즐겨 이용하고 있습니다)' 등의 칭찬 표현을 해도 좋습니다. 그다음에 용건으로 옮겨가기 위해 간단히 상황을 설명하고 자연스럽게 본론으로 들어갑니다.

정리하자면 전화 통화의 도입 부분에서 가장 주의해야 할 것은 긴급한 경우를 제외하고는 결코 용건으로 들어가는 것을 서두르지 말아야 한다는 것입니다. 특히 칭찬의 말을 빠뜨리거나 용건의 배경이나 상황에 대한 간단한 설명을 생략하는 일이 종종 있으므로, 영어로 전화를 걸 때는 먼저 3단계 구성 방법을 의식하고 상대방을 혼란스럽게 하는 일이 없도록 먼저 상대방에게 좋은 첫인상을 주고 나서 중요한 용건으로 들어가는 것이 전화 커뮤니케이션을 성공으로 이끄는 비결입니다.

✦ Review

1 다음은 주어진 질문에 대한 대답입니다. 대답의 주장은 어느 문장인지 각 문장의 번호로 답해 주세요.

---

01 What causes languages to change over time?

> (1) Many factors contribute to language change.
>
> (2) For example, there are natural shifts in the structure
> of the language and the impact of neighboring languages,
> especially borrowed words. (3) Yet the exact causes of change
> are uncertain, (4) although we are making good progress in
> understanding the changes that come from two languages being
> in contact.

02 How long does it take for your factory to produce one air-
    conditioner?

> (1) Well, the process starts with the assembling of the central
> tubes of the unit. Then we install the computer chips and
> electrical wiring. At this point, we conduct tests to make sure

the electronics are working correctly. (2) About four hours have passed. (3) Once the unit has gone through the electronics testing, we install the outside case, which takes only about fifteen minutes. We then perform a final quality control and package the air-conditioner, (4) and it is completed after five hours of manufacturing. (5) About twelve people are needed to do the various stages of the manufacture.

03 Is there any way to improve our high schools?

(1) There are several ways, including more teachers, smaller classes, and stricter requirements. (2) In fact, all these issuses are related, and depend on adequate funding.
(3) Stricter requirements would involve increasing the testing of students in each subject. (4) Several schools have tried these changes, and they saw good results.
For example, ...

✦ Review

2 효과적인 메시지를 구성해 대화를 진행해 나가기 위해서는 빈칸에 어떤 문장이 어울릴까요? 보기 중에서 고르세요.

> | 보기 |
>
> (1) What makes you say large companies are doing well?
>
> (2) You said the market will go up a lot. How much of an increase do you expect?
>
> (3) Why is that?
>
> (4) I noticed you're reading the financial news.

A: _____ What do

you think will happen to the stock market this year?

(자신이 흥미를 갖고 있는 일로 대화를 시작한다)

B: Oh, I'm sure the market will go up a lot.

A: _____

(주장을 뒷받침하는 이유를 묻는다)

B: Well, interest rates are low and large companies are doing well.

A: _____

(대기업이 잘해내고 있다고 말하는 근거를 묻는다)

B: Did you see that article last week in the Wall Street Journal? Almost 90% of large companies will be hiring more employees than last year, and electronics companies are predicting their biggest profit ever.

A: _____

(주식시장이 얼마나 좋아질지 묻는다)

B: Well, the Korean won is expected to become ten percent stronger against the dollar next year, which will help the stock market.

▶정답 및 해석은 권말에

영어권 문화에서 스몰 토크Small Talk는

성공적인 커뮤니케이션을 위해

빼놓을 수 없는 준비 과정이다.

스몰 토크의 중요성을 인지하지 못하거나 이를 실행할 기술이 없다면

영어 커뮤니케이션은 근본적으로 완전할 수 없다.

왜냐하면 그날의 비즈니스 협상이

성공할 것인가 실패할 것인가의 75%가

최초 2분간의 스몰 토크에 의해 결정되기 때문이다.

제 7 장

성공을 좌우하는
스몰 토크

서양 사람들의 스몰 토크에는 이유가 있다!

프레젠테이션보다 더 어려운 스몰 토크!

영어로 대화할 때 이런 경험을 하신 적이 있나요?

- 프레젠테이션과 비즈니스 미팅을 해야 하는데 자칫 무거워질 수 있는 분위기를 어떻게 띄워야 할지 모르겠다.

- 자기소개를 하고 난 후 말문이 막혔다.

- 식사 자리인데 무슨 말을 해야 할지 몰라 거북한 침묵이 이어졌다.

- 말을 걸어야 하는데 어떤 말을 해야 할지 떠오르지 않았다.

- 파티에서 무리 지어 얘기하고 있는 사람들 사이에 끼지 못하고 혼자 있었다.

위 상황은 영어 실력하고는 또 다른 차원의 문제로 누구나 경험할 수 있는 일입니다. 일상 대화를 자유롭게 할 수 있는 분이나 자신의 업무나 전문 분야에서 의사소통에 자신 있는 분들도 자주 빠지는 함정입니다. 수준 높은 영어가 요구되는 상황에서는 괜찮은데, 이런 편안한 상황에서는 대화를 잘 못하다니 정말 이상하죠? 이 문제를 어떻게든 극복하고 싶은 분들이 저에게 자주 조언을 요청합니다.

도대체 무엇이 문제일까요? '부끄럼을 타는 성격'이나 '화제가 궁해서'라고 자신을 탓하는 분도 계신데 그럴 필요는 전혀 없습니다. 이것은 말하는 사람의 '개인적인 성격' 때문이라기보다 '문화적인 차이' 때문에 생기는 문제입니다. 따라서 영어권 문화에서의 스몰 토크Small Talk의 가치를 인식하고 그 기술만 익히면 충분히 극복할 수 있습니다. 앞으로 여러분이 이런 어색한 경험을 두 번 다시 하지 않도록 하는 것이 바로 이번 장의 목표입니다.

스몰 토크에 대한 문화적 인식 차이

스몰 토크는 본격적인 이야기를 하기 전, 딱딱해질 수 있는 분위기를 풀기 위해 말문을 트고 나누는 비교적 가벼운 주제의 대화를 가리키는 말입니다. 비즈니스 협상이나 미팅, 면접, 또는 식사 모임 등에서 빠지지 않고 등장하죠. 스몰 토크는 가벼운 주제를 다루지만 결코 쉽지 않다는 점에서 영어권에서는 매우 중요한 커뮤니케이션 스킬로 인식하고 있습니다. 실제로 미국에는 스몰 토크 요령을 다룬 책이 굉장히 많습니다. 이는 일상생활부터 업무에까지 영향을 미치는 커뮤니케이션의 성공 여부가 스몰 토크의 질과 진행 방법에 달려 있다는 것이 전문가들의 연구 결과로 증명되었고, 이 사실이 대중에게도 퍼져있기 때문이라고 생각합니다.

이렇듯 원어민의 스몰 토크에 대한 인식은 한국인과는 사뭇 다릅니다. 우선 그 차이를 이해하는 것이 국제적인 커뮤니케이션에 있어 스몰 토크를 잘하게 되는 첫걸음입니다.

원어민이 스몰 토크를 어떻게 생각하는지 비유해 보자면 '고속도로의 램프Ramp'를 들 수 있습니다. 아시다시피 고속도로 램프는 자동차가 고속도로에 진입하기 위한 준비 구간으로 다른 차의 진행 흐름에 맞도록 방향을 바꾸거나 속도를 올리는 장소입니다. 원어민이 생각하는 스몰 토크는 이런 이미지와 매우 비슷합니다.

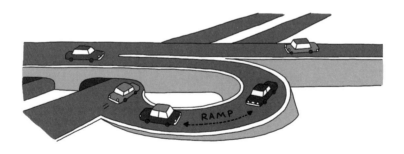

스몰 토크는 대화의 물꼬를 뒤에 이어질 본격적인 대화 주제로 매끄럽게 이어지게 하기 위한 '고속도로 램프'와 같은 준비 구간이며, 대화

하고 있는 상대방의 말하는 스타일이나 생각을 이해할 수 있는 기회이기 때문입니다. 그러니까 스몰 토크는 서로의 아이디어를 보다 깊고 완전하게 교환하기 위한 워밍업 단계이자 조정 기간이라고 할 수 있습니다. 그렇기 때문에 원어민들은 '스몰 토크 시간을 얼마나 의미 있게 사용할 수 있느냐가 커뮤니케이션의 성공을 좌우한다'라고 인식하고 있는 것입니다.

사실 한국인은 단도직입적으로 말하는 편입니다. 처음 만난 사람이나 새로운 업무를 시작할 때 서둘러 본론으로 들어가려는 성향을 가진 사람이 많고 가벼운 대화는 쓸데없다고 생각해서 피하려고 합니다. 이는 첫 만남일수록 스몰 토크를 통해 자신을 알리고, 상대방을 탐색하고, 그렇게 해서 보다 효과적인 커뮤니케이션을 구축해 나가고 싶어 하는 원어민의 접근법과는 큰 차이가 있습니다.

혹시 언젠가 기회가 생기면 스몰 토크를 원어민처럼 받아들여 보세요. 스몰 토크로 커뮤니케이션을 부드럽게 시작하면 지금까지와는 다른 방식의 세련되고 자신감 있는 영어 커뮤니케이션을 체험할 수 있을 것입니다.

스몰 토크를 이끌어가는 공식 'SEE'

자, 스몰 토크의 중요성을 인식하셨다면 이제 스몰 토크를 효과적으로 실천하기 위한 기술에 대해 살펴보도록 하겠습니다. 하지만 그 전에 한 가지 알아야 할 것이 있습니다.

여러분 중에는 '잡담을 자유자재로 하다니 아직 그런 영어 실력이 안 돼서……'라는 이유로 이 장을 건너뛰려는 분도 계실지 모릅니다. 그런 분에게 기쁜 소식이 있습니다.

제 경험상 한국인이 스몰 토크를 잘 못하는 이유는 대부분 영어 실력이 부족해서가 아니었습니다. 오히려 그보다는 첫째, 스몰 토크 자체에 익숙하지 않거나 둘째, 스몰 토크를 어떻게 전개해 대화를 이어가야 할지 모른다는 것이 문제였습니다. 하지만 이는 앞으로 소개할 스몰 토크의 기술로 충분히 개발할 수 있는 능력이므로 전혀 걱정할 필요 없습니다. 그저 다음에 제시되는 스몰 토크의 성공 공식 'SEE'만 따라 하면 여러분도 충분히 스몰 토크의 달인이 될 수 있습니다.

스몰 토크의 성공 공식 'SEE'

Seek 공통의 화제 찾기
Expand 대답 확장하기
Encourage 대화 끌어내기

일반적으로 가장 대화하기 어려운, 처음 만나는 사람이나 별로 잘 알지 못하는 사람과의 스몰 토크를 효과적으로 하기 위해 이 세 가지 단계를 자세히 살펴봅시다.

그 전에 한 가지 전제할 것이 있습니다. 궁극적으로 스몰 토크를 잘하려면 스스로 창의적이고 지식이 풍부한 사람이 되려는 자세가 꼭 필요합니다. 왜냐하면 일단 스몰 토크의 기본적인 기술을 배운 후에는 본인의 창의력과 경험, 지식에 의해 능력이 연마되기 때문에 그런 자세가 없이는 발전하기 어렵기 때문입니다.

제1 공식:
Seek 공통의 화제 찾기

쉽게 공유할 수 있는 화제를 꺼낸다

아무래도 처음 만나는 사람이나 잘 모르는 사람과의 스몰 토크는 당연히 어렵기 마련입니다. 모르는 사람뿐인 모임에 가서 상대방의 성격, 취미, 교양 수준, 직업 등에 관해 아무런 정보도 모른 채 자기소개하며 대화를 시작해야 하는 상황이라면 진땀이 날 수밖에 없습니다. 또 그렇게 조급하게 말을 하다 보면 의도하지 않은 말이 튀어나와 더욱 당황하게 되기도 하고요. '이상한 소릴 하게 되면 어쩌나' 하고 신경이 날카로워지기 쉽습니다. 이런 때에는 상대방과 쉽게 공유할 수 있는 화제를 꺼내 대화를 시작하는 게 기본입니다. 서로 대화에 참여할 수 있을 만한 화제나 일반적인 지식을 선택하는 게 안전하고 현명합니다.

실제로 스몰 토크를 시작하는 것에 익숙해지기까지는 상대방에게 적절한 화제를 선택했는지 자신이 없을 것입니다. 자신을 갖게 되기까지 어떤 원어민과도 자연스럽게 잡담을 시작할 수 있는 화제가 있다면 좋겠지요. 실은 그런 화제가 있습니다. 그 몇 가지를 소개하겠습니다.

❶ 만국 공통의 화제 - 날씨

전 세계적으로 가장 널리 통용되는 스몰 토크용 화제는 무엇일까요? 바로 '날씨'입니다. 날씨는 스몰 토크를 시작하기 위해 가장 자주 사용되는 주제이자 누구와도 이야기할 수 있는 소재입니다. 예를 들면, 'It's cold today(오늘 날씨가 춥네요)'나 'I heard it's going to rain(비가 올 거라고 들었습니다)'이라고 말하며 대화를 시작하면 됩니다.

날씨는 너무 식상한 화제라고 생각하실지 모르지만, 공유할 수 있는 화제를 도저히 찾을 수 없을 때나 아직 스몰 토크에 익숙하지 않은 초급자가 기술을 쌓을 때까지는 매우 유용한 주제입니다. 물론 편리하다고 해서 항상 날씨 이야기로 스몰 토크를 시작해서는 더 이상 스몰 토크 능력이 향상되지 않겠죠? 상황에 따라 적절한 화제를 찾도록 조금씩이라도 노력해 보는 게 스몰 토크 능력 향상의 지름길입니다.

❷ 상황에 맞춰 공유할 수 있는 화제 찾아보기

이번에는 영화관에서 티켓을 사기 위해 줄을 서 있는 상황을 생각해 봅시다. 한국이라면 함께 줄을 서 있다는 이유만으로 처음 보는 사람과

잡담하는 것이 상상이 잘 안 가죠? 하지만 영어권 문화라면 이 상황에서 말을 안 하는 것이 오히려 어색한 경우가 많습니다. 자, 그럼 앞에 있는 사람과 이야기를 시작할 때 어떤 화제를 꺼낼까요?

날씨? 음, 그것도 나쁜 선택은 아니지만 이 경우라면 보다 좋은 이야깃 거리가 있습니다. 힌트는 상대방과 쉽게 공유할 수 있는 화제가 스몰 토 크의 밑천이라는 사실입니다. 짐작이 되시나요? 지금 현재 여러분과 앞에 있는 사람이 공유하고 있는 상황은 바로 영화관에서 티켓을 사려고 줄을 서 있다는 것입니다. 따라서 두 사람은 '서 있는 줄의 길이', '보려는 영화', '맞은편에 서 있는 흥미로운 건물' 등에 대해 이야기를 나눌 수 있 습니다. 혹은 입고 있는 옷이나 신발을 칭찬하는 것부터 시작하는 경우 도 많습니다.

스몰 토크를 시작하는 화제 선택의 원칙은 상대방과 쉽게 공유할 수 있 는 얘깃거리를 서로가 놓여 있는 공통의 상황이나 환경에서 선택하는 것 입니다. 아주 간단한 원칙 같지만 스몰 토크의 화제를 선택하는 데 있어 가 장 중요한 핵심 원리이니 반드시 기억해 두시고 활용하시기 바랍니다.

❸ 누구와도 공유할 수 있는 화제 - 음식

스몰 토크 할 때 가장 공유하기 쉬운 화제 중 하나가 바로 '음식'입니 다. 음식은 관심이 있든 없든, 좋아하든 그렇지 않든 누구나 생활의 일부 로 겪는 일인 데다가 파티나 모임 등에는 거의 음식이 등장하기 때문입 니다. 화제가 될 수 있는 음식은 와인, 스파게티, 해산물 등 여러 가지가 있을 수 있지만, 특히 국제사회에서 한국 음식의 인기가 점점 높아지고 있으므로 한국 음식에 대해 이야깃거리를 연습해 두면 반드시 써먹을 날이 올 것입니다.

예전에 제가 가르치고 있는 예일대의 수업에서 종강을 축하하기 위해 다 함께 저녁 식사를 한 적이 있습니다. 학생 85%의 지지를 얻으며 다수결로 선택된 장소는 요즘 새로이 인기를 얻고 있는 한국음식점이었죠. 그 수업에 출석하는 학생의 국적은 유럽, 남미, 아시아, 아프리카로 다양했고 예일대학교가 있는 도시에는 인도, 터키, 태국, 중국, 이탈리아, 프랑스, 멕시코, 한국, 미국 등의 다채로운 음식점이 있음에도 불구하고 말입니다. 전 세계 사람들이 한국음식에 새로운 흥미를 가지고 있다는 거죠. 여러분의 출신지 음식이 인기가 있다는 것은 정말 운이 좋은 일입니다. 그것을 맘껏 이용하세요. 그것만으로 여러분은 유리한 입장에 있는 것이니까요.

약간의 준비로 듣는 사람을 매료시킬 수 있다?

그런데 여러분은 한국 음식에 대해 영어로 얼마나 유창하게 이야기할 수 있습니까? 가령 비빔밥에 대해 뭔가 재미있는 정보를 알고 있나요? 김치의 역사는 어떤가요? 잡채 만드는 법을 설명할 수 있습니까? 한국의 전통적인 요리에 대해 설명할 수 있나요?

'음……' 하고 신음하고 계신 분도 많을 것이라고 생각합니다. 잘 알고 있는 것 같아도 막상 설명하려면 의외로 어려운 것이 자기 나라의 문화입니다.

저에게는 외국인이 흥미를 가질 만한 재미있는 한국의 음식문화를 영어로 설명할 수 있는 한국인 친구가 있습니다. 덕분에 그녀는 어딜 가도 스몰 토크를 하는 데 애를 먹지 않습니다. 어느 날, 그녀의 화제가 풍부하다고 칭찬하자 실은 한식에 관해 별로 알려지지 않은 이야기를 살짝 알아보고 영어로 유창하게 말할 수 있도록 연습했다고 고백했습니다.

한식에 대한 이야기를 할 수 있는 것은 한식당에 있을 때뿐만이 아닙니다. 이탈리아 식당에서나 중국 요리를 맛보면서도 한식에 관한 이야기를 꺼내는 것은 어색하지 않으며 상대방은 열심히 귀를 기울여줄 것입니다. 사람들은 대개 음식에 관심이 있습니다. 따라서 한국 음식에 대해 조금만 공부해서 영어로 말할 수 있도록 미리 준비한다면, 다양한 상황에서 매우 유용할 뿐만 아니라 틀림없이 듣는 사람의 인상에 남을 것입니다. 다음은 한국 음식에 관해 나눌 수 있는 이야깃거리의 예입니다.

One of the most popular foods in Korea is …

한국에서 가장 인기 있는 음식은…

→ 한국에서 가장 인기 있는 음식을 소개한 후, 왜 인기가 있는지, 어떻게 먹는지를 설명할 수 있도록 준비해 주세요.

A popular winter dish is … 인기 있는 겨울 음식은…

A popular summer dish is … 인기 있는 여름 음식은…

At New Year's Day, it's traditional for us to eat soup called ddeokguk, because ...

새해 첫날 전통적으로 떡국이라고 하는 국을 먹습니다. 왜냐하면…

In midsummer, many people like to eat samgaetang, because ...

한여름에는 많은 사람들이 삼계탕을 즐겨 먹습니다. 왜냐하면…

- **오래된 컴퓨터도 할 수 있는 스몰 토크**

1966년, 미국 보스턴의 MIT공대 교수 요제프 바이첸바움은 사람의 말상대가 되어 주는 컴퓨터를 발명하고 엘리자ELIZA라는 이름을 지었습니다. 엘리자는 누군가 말을 걸면 프로그래밍된 제한된 질문이나 응답을 하는 구조로 되어 있습니다. 엘리자의 대답에는 다음과 같은 것이 있습니다.

- I'm not sure I understand you fully.
  내가 당신 말을 확실히 이해했는지 확신이 없습니다.
- That is quite interesting. 그거 상당히 흥미로운데요.
- What does that suggest to you? 그것이 당신에게 시사하는 바가 무엇입니까?
- Why do you mention …? 왜 … 말씀을 하십니까?
- You seem quite positive. 상당히 긍정적이신 것 같네요.
- In what way? 어떤 점에서요?
- Can you give me an example? 예를 하나 들어 주시겠습니까?
- What makes you think that …? 왜 …라고 생각하십니까?

엘리자의 대답은 이렇게 단순한 것들이었지만, 많은 사람이 대화를 즐기며 위로받았다는 보고가 있습니다. 이렇게 오래된 컴퓨터도 할 수 있으니 여러분이 못할 리 없습니다. 스몰 토크로 자연스러운 영어 대화를 시작해 봅시다.(엘리자와 대화를 나누고 싶은 분은 www.cyberpsych.org/eliza를 이용해 보시기 바랍니다.)

그 밖의 좋은 화제들

항상 날씨나 음식 이야기만 할 수는 없지요. 날씨와 음식 외에 어떤 사람과도 쉽게 공유할 수 있는 화제로는 '가족'과 '지역(장소)'이 있습니다. 이 두 가지 화제에 대해 이야기할 때 전형적인 질문으로는 다음과 같은 것이 있습니다.

❶ 가족

Tell me a little about your family. 가족에 대해 좀 말씀해 주시겠어요?

Do you have any brothers or sisters? 형제나 자매가 있나요?

What does your family like to do? 가족끼리 뭘 즐겨 하세요?

Does your family have any pets? 애완동물을 기르시나요?

❷ 지역

What city do you live in? 어디 사세요?

Why did you decide to live there? 왜 그곳에 살기로 정하셨나요?

What are some of your favorite places in the world?
세계에서 가장 좋아하는 장소는 어디입니까?

Where do you like to go on vacation?
휴가 때 어디에 가는 걸 좋아하십니까?

여기에 제시한 질문은 스몰 토크를 시작하기 위해 매우 효과적이지만, 거의 100% 상대방이 되묻게 되는 질문이기 때문에 계속 대화가 재미있게 발전해 나갈 만한 대답을 미리 준비해 두는 게 좋습니다. 예를 들면 '지역'에 대한 마지막 질문에 대해서는 다음과 같은 대답을 준비할 수 있겠지요.

Last year I took a vacation in Greece. It was great. We took a ferry to the Greek islands. I was amazed at the colors. Beautiful blue water, white houses, brown hillsides. It was a powerful contrast. But the food wasn't so good …
작년에 그리스로 휴가를 갔습니다. 정말 좋았어요. 그리스 섬들로 페리를 타고 갔습니다. 색감이 정말 놀라웠습니다. 아름다운 푸른 바다, 하얀 집, 갈색 언덕들. 강렬한 대비였습니다. 하지만 음식은 그저 그랬죠…….

음식, 가족, 지역에 대한 스몰 토크를 준비해 두면 말문을 틀 때 고민할 확률이 매우 낮아집니다. 나아가 특정한 장소에 어울리는 화제도 생각해 두면 더 유용합니다. 예를 들면 공항, 미팅, 세미나 등의 장소에서 스몰 토크를 시작하는 전형적인 문장에는 다음과 같은 것이 있습니다.

❸ 공항

Are you traveling for business or pleasure? 출장이십니까, 관광이십니까?

Where are you from? 어디에서 오셨습니까?

Why is the airport so crowded today? 오늘 공항에 왜 이렇게 사람이 많을까요?

❹ 회의, 세미나

I really enjoyed that last presentation.

지난번에 발표하신 것 굉장히 좋았습니다.

I didn't realize there were so many views on the future of the computer industry.

컴퓨터 산업의 미래에 대해 그렇게 많은 관점이 있다는 것을 인식하지 못했습니다.

Where are you staying? 어디에 머무세요?

How often do you go to conferences like this?

이런 회의에 얼마나 자주 참석하세요?

☞ 정리합시다

☑ 스몰 토크를 시작하는 화제는 상대방과 쉽게 공유할 수 있는 것을 찾는다.

☑ 스몰 토크를 시작할 수 있는 대표적인 화제는 날씨, 음식, 가족, 지역이다.

제2 공식:
Expand 대답 확장하기

대화를 이어 나가게 하는 대답 vs. 어색함을 부르는 대답

앞서 날씨는 대화를 시작하는 데 가장 일반적으로 쓰이는 좋은 화제라고 말씀드렸습니다. 자, 그렇다면 누군가 여러분께 'It's cold today(오늘 춥네요)'라고 말을 걸어온다면 어떤 응답으로 대화를 발전시키면 좋을까요?

'Yes, it is(네, 그렇네요)'라고만 대답해 버리면 완전히 실패한 대답입니다. 한국어로 생각해 보면 금방 알 수 있겠지만, 이러한 대답은 대화 확장에 전혀 도움이 안 되어 두 사람 사이에는 어색한 침묵이 흐르기 쉽습니다. 게다가 이는 상대방에게 다른 화제를 찾으라고 강요하는 꼴이 됩니다.

이런 낭패를 피하기 위해서 상대방의 스몰 토크를 시작하는 말에 대한 대답은 스몰 토크의 SEE 공식 중 두 번째 공식인 'Expand', 즉 '대답 확장하기'를 적용해야 합니다. 상대방이 나와 공유할 수 있는 화제로 대화를 시작했다는 것을 인식하고, 그 화제에 대해 자신의 이야기로 대화를 확장해야 합니다. 예를 들면 'It's cold today'라고 스몰 토크가 시작되었을 때 좋은 대답이 될 만한 것은 다음과 같습니다.

Yes, but it's perfect weather for walking my dog in the park.
맞아요, 하지만 공원에 개를 데리고 산책하기에는 딱 좋은 날씨예요.

이 대답의 좋은 부분은 말하는 사람의 흥미와 생활에 대한 정보가 조금씩 드러난다는 점입니다. 사적인 부분을 공유하게 되면 서로에 대해 신뢰가 쌓이는 심리적인 효과를 얻을 수 있습니다. 동시에 그런 정보 덕분에 대화를 진전시킬 수 있는 부가적인 화제도 얻게 됩니다. 위에 제시된 답변을 통해 상대방은 말하는 사람이 '개를 기르고 있다', '개를 좋아한다', '공원에 산책을 다닌다', '추운 날씨를 싫어하지 않는다' 등의 새로운 정보를 얻을 수 있게 되어 자연스럽게 다음과 같은 질문으로 발전시켜 나갈 수 있습니다.

What kind of dog do you have?
어떤 종류의 개를 키우십니까?

How often do you go to the park?
얼마나 자주 공원에 가십니까?

So you seem to enjoy cold weather.

추운 날씨를 좋아하시는 것 같아요.

이야기를 듣는 바람직한 자세

스몰 토크를 잘 전개하기 위해서는 본인에 관한 약간의 사적인 정보를 제공하는 정도로는 충분하지 않습니다. 꼭 필요한 기술임에도 사람들이 간과하기 쉬운 것이 바로 '듣는 태도'에 관한 것입니다. 여러분이 어떤 태도로 듣느냐에 따라 스몰 토크의 성패가 달라집니다. 그렇다면 과연 어떤 태도로 들으면 스몰 토크를 잘 이어 나갈 수 있을까요?

바로 막연히 흘려듣지 않는 태도입니다. 들으면서 상대방의 이야기 속에서 다음에 이야기할 아이디어를 찾도록 합니다. 그리고 자신이 말할 차례가 오면 그 아이디어에 대해 자신의 이야기를 덧붙이거나 자신과 관련지으면서 발전시켜 나갑니다. 스몰 토크의 이상적 전개를 알기 쉽게 표로 설명하면 다음과 같습니다.

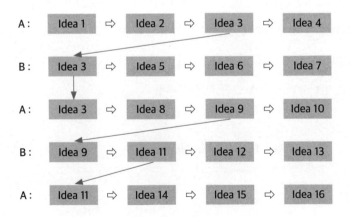

우선, A는 4개의 아이디어를 말하면서 스몰 토크를 시작합니다. 이때 B는 A의 말을 들으면서 본인에게 흥미로운 아이디어를 찾습니다. 그리고 Idea 3을 화제로 선택해 다른 아이디어들을 덧붙이며 스몰 토크를 전개해 나갑니다. A는 B의 이야기를 듣고 다시 Idea 3에 대해 다른 아이디어들을 덧붙여 자신의 대답을 하게 됩니다(혹은 다른 Idea 5~7 중에서 선택할 수도 있습니다). 그리고 그것을 듣고 있던 B는 A가 말한 Idea 9에 흥미를 갖고 그에 대해 이야기를 합니다. A는 그것을 듣고 이번에는 B의 Idea 11에 관심을 갖고 그 아이디어를 화제로 다음 문장을 말하기 시작합니다.

이 그림으로 알 수 있듯이 스몰 토크의 이상적인 전개는 듣는 사람이 상대방의 이야기에서 스몰 토크를 지속할 수 있게 해주는 아이디어를 찾아 대화를 독창적으로 구축하는 것입니다. 그렇기 때문에 말하는 이와 듣는 이가 서로 적극적으로 참여하는 자세가 꼭 필요합니다. 여기에, 앞서 언급했듯이 말하는 이가 개인적인 정보를 제시한다는 요소가 추가되면 처음 만나는 사람과도 스몰 토크를 자연스럽게 발전시킬 수 있습니다.

자, 그럼 Expand 공식을 적용하면 어떻게 스몰 토크가 전개되어 가는지 예를 들어 보도록 하겠습니다. 뉴욕으로 출장 간 명수 씨는 거래처에서 미국인 B, C와 회의를 하기로 합니다. 그런데 C가 아직 오지 않아서 처음 만난 B가 스몰 토크를 시작합니다.

B: **Is this your first time in New York?**
이번이 첫 번째 뉴욕 방문이신가요?

자, 어떻게 대답할까요? 'Yes'나 'No'만으로는 대화가 이어지지 않는다는 것을 명심해 주십시오. 명수 씨는 다음과 같이 답변을 했습니다.

명수: **No, I have been to New York several times before on vacation. I love going to the museums and operas.**
아니요. 휴가 때 뉴욕에 몇 번 왔었어요. 저는 박물관과 오페라 공연 보러 다니는 걸 좋아합니다.

명수 씨가 개인적인 정보를 약간 제공함으로써 스몰 토크는 발전하게 됩니다. 이를 들은 B도 스몰 토크를 전개하기 위해 명수 씨가 말한 내용 중 '오페라'를 화제로 선택해 자신의 개인적인 정보를 곁들이며 스몰 토크를 전개해 갑니다.

B: **So, you're an opera fan. Last year I went with my wife to the Metropolitan Opera, and it was so impressive. We saw the *Magic Flute*, one of my favorite operas.**
그럼, 오페라 팬이시군요. 작년에 저도 아내와 함께 메트로폴리탄 오페라에 갔었는데 정말 감동적이었어요. 우리가 본 건 '마술 피리'였는데, 제가 좋아하는 오페라 중 하나죠.

이처럼 스몰 토크를 전개하기 위한 기본적인 기술을 알고 있으면 개인적인 정보, 관심사를 소재로 하여 처음 만난 사람과도 이상적으로 대화를 발전시켜 갈 수 있습니다. 그리고 좋은 스몰 토크는 서로에게 좋은 인상을 갖게 하고 이후 이어질 중요한 회의의 워밍업 역할도 훌륭하게 해내게 됩니다.

☞ 정리합시다

☑ 스몰 토크를 시작하는 말에 대한 응답은 EXPAND 할 필요가 있다. 이때 개인적인 정보를 약간 곁들여 화제가 될 아이디어를 제공하는 것이 좋다.

☑ 상대의 이야기를 들을 때는 자신이 다음에 이야기할 아이디어를 찾고 그것을 바탕으로 자신만의 이야기를 전개하도록 한다.

제3 공식:
Encourage 대화 끌어내기

갑자기 끊어지는 대화! 해결책은?

앞서 두 공식을 통해 우리는 '화제를 찾아서Seek', '대화를 이어 나가는 Expand' 방법을 배워 보았습니다.

그런데 대화를 하다 보면 처음 2~3분 정도는 이어 나가기가 쉬운데 그 후 갑자기 대화가 뚝 끊어지는 경우가 종종 있습니다. 그런 어색한 침묵을 피하려면 스몰 토크의 SEE 공식 중 세 번째 공식인 'Encourage'를 사용하여 상대방으로부터 더 대화를 유도할 수 있어야 합니다.

대화를 더 끌어내기 위해서는 이야기를 들으며 상대방에게 '나는 당신의 이야기를 흥미롭게 듣고 있으며 이 스몰 토크를 계속 이어가고 싶다'라는 마음을 표현하는 것이 중요합니다. 여기에는 크게 '신체적인 표현'과 '언어적인 표현'이라는 두 가지 방법이 있습니다. 이 두 가지 방법은 능숙한 토크쇼 진행자라면 반드시 사용하고 있는 방법이니까 TV 등을 주의 깊게 관찰하는 것도 좋습니다.

대화를 더 끌어내기 위한 방법

❶ 몸으로 표현하기

신체적인 표현법을 익히려면 그게 어떤 식의 감각인지를 파악하는 게 우선입니다. 일단 영어로 된 영화나 드라마를 보면서 대화 장면에서 원어민이 어떤 표정이나 제스처를 사용하며 상대방의 이야기를 듣는지 주의 깊게 관찰해 보세요.

'그냥 다르려니…' 하고 가볍게 넘기지 마시고, 꼭 영화나 드라마를 통해 직접 확인해 보실 것을 권해 드립니다. 대화 장면을 자세히 관찰해 보면 영어권 문화에서는 상대방의 이야기를 들을 때 한국인과는 굉장히 다른 스타일로 듣고 있다는 걸 새삼 깨닫게 될 것입니다. 사실 여러분 대부분이 최소 10년 이상 영어를 배워왔지만, 한 번도 이 부분에 대해 신경 써본 적이 없었을 것입니다. 하지만 이러한 신체적인 표현은 원어민과의 커뮤니케이션에 있어 매우 중요한 비중을 차지한다는 것을 명심하시기를 바랍니다.

그렇게 영화를 통해 원어민의 경청 방식을 파악하셨으면 이번에는 실제로 몸동작을 따라 해 볼 차례입니다. 흔히 이런 몸동작을 '보디랭귀지

Body Language'라고 부르는데, 여기서는 주의 깊게 이야기를 들을 때 꼭 필요한 세 가지 보디랭귀지를 소개하겠습니다.

▶ 보디랭귀지① - 고개 끄덕이기 Nodding

상대방의 말이 끝나 가면 고개를 위아래로 가볍게 두 번 끄덕입니다. 이야기하는 사람은 문장 끝에서 반드시 짧게 멈추기 때문에, 그때 가볍게 천천히 끄덕이며 자신이 상대의 말에 흥미를 가지고 있음을 나타냄으로써 대화를 더 이끌어 낼 수 있습니다.

한국인이 범하기 쉬운 실수는 한국어로 '네네' 또는 '응응, 그래그래'라고 대답하듯이 머리를 특별한 의미 없이 습관적으로 끄덕이는 것입니다. 본인은 잘 모를 수도 있지만, 한국인의 이 버릇은 두드러집니다.

이때 천천히 가볍게 끄덕이는 게 포인트입니다. 이 동작은 상대방의 이야기를 이해했다는 표현이지 상대방에게 찬성한다는 의미는 아니니까 주의해 주십시오.

▶ 보디랭귀지② - 눈 마주치기 Eye-Contact

서양에서는 상대방이 내 얘기를 경청하고 있다고 생각하는 중요한 요소 중 하나로 '눈 마주치기'를 꼽습니다. 따라서 서양인과 대화할 때는 반드시 눈을 마주쳐야 합니다. 왜냐하면 눈을 마주치지 않는 경우는 시선을 피한다고 인식되며, 이는 무언가 떳떳하지 못하거나 자신감이 모자라거나 숨기는 것이 있는, 심지어는 정직하지 못한 것으로 인식되기 때문입니다. 이는 대화의 상대방이 자신보다 나이가 많거나 사회적 권위가 있다고 해도 마찬가지이며, 세 명 이상이 스몰 토크를 하고 있을 때도 일대일 대화와 마찬가지로 이야기하고 있는 사람에게 눈을 맞추는 게 중요합니다.

동양에서는 윗사람과 눈을 마주치는 것을 꺼리는 경향이 있는데 서양 사람들이 보기에 문화적 이질감이 드는 대표적인 모습 중 하나입니다. 서양인과 대화할 때는 시선을 아래로 향하지 말고 상대방의 눈을 보고 말씀해 주세요. 그래야 상대방에게 여러분이 자신의 이야기를 경청하고 있다는 인상을 줄 수 있으며, 상대방과의 대화가 발전할 수 있게 됩니다.

▶ 보디랭귀지③ - 표정 변화 Facial Expression

시선을 마주치는 것과 함께 얼굴 표정에 변화를 주는 것 또한 중요합니다. 내용은 단순합니다. 우습거나 유쾌한 이야기를 들으면 웃는 표정을, 중요하거나 어려운 사안에 대해 이야기할 때는 심각한 표정을, 놀랐을 때는 솔직히 놀란 표정을 하면 됩니다. 가령 서양에서는 눈썹 올리는 동작이 전형적인 '놀람'의 표시입니다.

물론 사람의 표정은 제각각 독특하기 때문에 특정 표정을 어떻게 만드는가에 대해 정해진 것은 없습니다. 하지만 상대의 이야기를 들으면서 표정을 바꾸는 노력을 잊어서는 안 됩니다. 너무 당연한 얘기를 해서 당황스럽다고요? 쉬울 것 같지만 한국인 중에는 대화할 때 표정의 변화가 별로 없는 분들이 의외로 많습니다(또는 본인은 이런저런 표정을 지었지만, 리액션이 큰 편인 서양인이 보기에는 한 가지 표정처럼 느꼈을 수도 있습니다). 그런데 대화 상대방이 표정 변화가 전혀 없으면 자신과의 대화가 지루하거나 화가 났다고 생각해 이야기가 끊겨 버리는 게 영어권 문화입니다.

'고개 끄덕이기', '눈 마주치기', '표정 변화'는 가장 기본적인 보디랭귀지이지만, 이 외에도 여러 종류의 보디랭귀지가 있습니다.

①
턱을 괴고
상대방의 이야기에
흥미를 보인다.

②
양손으로 세는
(새끼손가락부터) 시늉을
하며 항목을 든다.

③
강조나 제안할 때
손을 펴서 내민다.

처음 만나는 사람이나 잘 모르는 사람 앞에서는 어떤 보디랭귀지를 사용하면 좋을지 망설이게 됩니다. 그럴 때 가장 좋은 방법은 상대방의 보디랭귀지를 관찰하고 그것을 흉내 내는 것입니다. 상대방의 보디랭귀지를 사용하는 것은 (비록 소리 내어 말하지는 않지만) 상대방의 언어로 대화하는 것이기 때문에 상대를 편안하게 만들어 줍니다.

❷ 말로 표현하기

　상대방과의 대화를 이끌어 내기 위해 보디랭귀지 외에 듣는 사람이 취할 수 있는 효과적인 방법에는 말로 표현하는 방법이 있습니다. 상대방의 말이 끝났을 때 앞서 말한 보디랭귀지와 함께 짧은 대꾸를 곁들인다면 한층 효과적으로 상대방에게 대화를 계속해 주기 바란다는 나의 마음을 표현할 수 있습니다. 이런 표현은 이야기를 재촉하여 스몰 토크를 계속하는 데 협조적으로 사용되기 때문에, 저는 이를 '협조적 표현Cooperative Expression'이라고 부릅니다. 협조적 표현에는 여러 가지가 있지만, 일반적으로 가장 널리 사용되는 표현을 몇 가지 소개해 보겠습니다.

▶ Uh-huh / Mm-mm 응, 음, 저

이야기를 듣고 이해하려 하고 있음을 나타내는 표현. 올라갔다 내려가는 인토네이션에 주의할 것.

A:　**I have an idea that might solve the problem.**
　　문제를 해결할 수 있는 좋은 수가 떠올랐어요.

B:　**Uh-huh.** 으응.

▶ I see. 아, 그렇군요.

상대방이 말한 정보를 인정할 때 쓰는 표현.

A:　**I have several topics that I would like to discuss with you.**
　　당신과 의논하고 싶은 게 몇 가지 있어요.

B:　**I see.** 아, 그래요.

▶ How interesting! 정말 흥미롭네요!

말하는 사람이 어떤 정보를 줄 때 쓰는 표현. 단, 말로는 흥미롭다면서 목소리는 단조롭다면 어불성설이 되므로 적극적인 느낌으로 말하는 것이 중요.

A: **At the museum, we saw an exhibit of French Impressionists.**
미술관에서 프랑스 인상주의 화가들의 전시회를 봤어.

B: **How interesting!** 와, 재미있었겠다!

▶ Really! 정말?

놀람이나 흥미를 나타낼 때 쓰는 표현. 올라가는 톤의 Really는 상대방이 한 말을 확인하기 위한 질문으로 많이 사용되며, 내려가는 톤의 Really는 흥미를 표현할 때에 사용된다.

A: **I heard on the news that it's going to snow tomorrow.**
내일 눈이 올 거라는 뉴스를 들었어요.

B: **Really?** 정말?

A: **All the flights to New York have been cancelled.**
뉴욕행 비행편이 모두 취소됐습니다.

B: **Really.** 아 그렇군요.

▶ Is that so? 그렇습니까?

상대의 말에 조금 놀랐음을 나타내는 표현.

A: **I don't have to go to work for three weeks.**
3주 동안 출근을 안 해도 돼요.

B: **Is that so?** 그래요?

▶ (Oh,) That's _____! 정말 ~하네요!

빈칸에는 great(멋진!), awful(형편없는!), amazing(놀라운!), so sad(너무 슬픈!), exciting (신나는!), terrible(끔찍한!), incredible(믿을 수 없는!), depressing(의기소침한!), wonderful(훌륭한!), shocking(충격적인!) 등 상대의 말에 공감하는 형용사를 넣을 수가 있다. Oh,는 문장 첫머리에 선택적으로 사용할 수 있다.

A: **I just found out that I passed my exam.**
시험에 통과했다는 걸 방금 알았어요.

B: **That's great!** 정말 잘됐네요!

▶ Cool! / Awesome! 잘됐다

젊은 세대들이 흔히 쓰는 응답 표현. 거의 모든 상황에 쓸 수 있다. 40대 이상에게는 별로 사용되는 일이 없지만 편한 상황에서 'How interesting!' 대신 사용하면 스몰 토크에 활기를 띨 수 있다.

A: **I'll be moving into a new apartment next month.**
나 다음 달에 새 아파트로 이사하게 됐어.

B: **Cool!** 잘됐다!

지금 소개한 협조적 표현들은 모두 일상생활에서 빈번히 쓰이며 외우기도 쉽습니다. 이러한 협조적 표현들을 대화에서 사용하면 외국인과의 의사소통이 훨씬 활기차고 즐거워질 것입니다.

한국인의 독특한 버릇

한국인과 영어권 사람은 이야기를 듣는 방식이 다르다고 말씀드렸는데 한국인이 이야기를 들을 때에 자주 보이는 모습 중 원어민에게는 어색하게 느껴지는 버릇 두 가지를 소개하겠습니다.

그 첫 번째는 상대방이 하는 말에 '…OK…OK' 또는 'I see'나 'I see, I see' 하고 같은 표현을 여러 번 사용해 맞장구치는 것입니다.

한국어로 생각하면 금방 이해되시리라 생각합니다만 '…응…응', '…그래, 그래', '…그렇죠… 그렇죠', '네… 네' 또는 '음… 음…' 등 한국어를 말하고 들을 때 무의식적으로 고개를 끄덕이면서 하는 반복적인 맞장구나 소리가 원어민에게는 매우 기묘한 인상을 주게 되며 이야기를 계속해서 이어 나가기 어려워집니다.

상대방과 진정한 대화를 나누는 것이 아니라 상대방의 말에 무조건 긍정적으로만 대답하고 마는 소극적인 자세로 느껴지기도 합니다. 한국인의 경우 남의 말에 대놓고 이의를 제기하지 않고 반론이 부담되어서 속으로만 삼키고 마는 경우가 많은 것 같습니다. 어쨌든 적극적인 자기 의사 표시라든지, 반대 의견을 내는 일이 영어권에 비해서 익숙하지 않은 점은 대화에도 나타납니다.

또 한 가지 버릇은 상대방이 말한 내용 중 키워드를 되풀이하는 것입니다. 예를 들면, 'What is your schedule like next week?'라는 상대방의 질문에 대해 한국인은 대답하기 전에 왜 그런지 'Ah(또는 Mm)... Schedule...' 하면서 Schedule이라는 키워드만 되풀이하는 것입니다. 또,

'How about next Wednesday?'라고 상대방이 물으면, 그 질문에 대답하기 전에 'Wednesday...'라고 거듭 키워드를 반복합니다. 아마도 자신의 머릿속에서 확인하기 위해 중얼거리는 것이겠지만, 이런 표현 방법은 영어에는 없기 때문에 상대방과 대화를 더 이끌어 낼 수 없을 뿐 아니라 상대방 입장에서는 질문을 이해하지 못한 것은 아닐까 걱정할 수도 있습니다.

중요한 것은 들은 내용에 맞는 표현으로 대답해서 대화를 유도하는 것입니다. 협조적 표현을 조금만 연습하면 스몰 토크가 놀랍게 변할 테니 꼭 시도해 보시기 바랍니다.

비협조적인 상대와 대화하는 비장의 무기

상대방이 스몰 토크를 즐기는 사람이라면 화제를 찾거나 대화를 이어가기 위해 노력을 해주겠지만, 세상 모든 사람들이 대화에 협조적일 수는 없겠죠? 그런데 상대가 비협조적이라면 보디랭귀지나 협조적 표현을 사용해 봤자 좀처럼 대화를 끌어내지 못할 때도 있습니다. 자, 그럴 때는 어색한 침묵을 견디는 수밖에 없는 걸까요?

아니요, 비장의 무기가 있습니다. 그것은 자신이 말할 때 마지막에 상대에게 질문을 던지는 것입니다. 질문을 통해 상대가 응답해야 하는 화제를 제안하는 셈이죠. 이 경우에 하는 질문으로는 'Yes' 혹은 'No'로 대답할 수 있는 질문이 아니라 구체적인 정보를 묻는 말이 효과적입니다. 아시다시피 정보를 묻는 말이란 What, Where, When, Why, How 등 의문사로 시작하는 질문을 말합니다.

사실 원어민 중에도 스몰 토크를 잘 이끌어가기 위한 방법을 모르는 사람이 많습니다. 만일 'Are you going on vacation this summer?(이번 여름에 휴가 가실 계획인가요?)'라고 질문하면 'Yes' 혹은 'No'라는 대답 후에 불편한 침묵이 이어질 수밖에 없습니다. 그래서 결국은 'So, where are you going?(그러면 어디로 가시는데요?)'이라고 구체적인 장소를 묻게 되겠지요. 그러니 처음부터 상대방이 다양한 정보를 담아 대답할 수 있는 질문을 하는 게 합리적입니다.

스몰 토크의 성공 공식 'SEE' 정리

지금까지 스몰 토크를 잘 이끌어가는 성공 공식인 SEE의 세 가지 요소를 자세히 살펴보았습니다. 마지막으로 지금까지 배운 SEE의 세 가지 성공 공식이 실제 대화에서 어떻게 활용되는지를 예를 통해 다시 한번 확인해 보도록 합시다.

A: (Seek) **The train is more crowded than I expected.**
기차가 예상보다 혼잡하네요.

B: (Expand) **Usually I take a later train, but today I want to get home early, because it's my son's birthday.**
보통 나중에 출발하는 기차를 타는데 오늘은 일찍 집에 가야 해요, 아들 생일이거든요.

A: (Encourage) **How often do you take this train?**
얼마나 자주 이 기차를 타시는데요?

스몰 토크를 시작한 A는 상대방과 공유할 수 있는 화제를 던지며 상대방이 그것에 대해 약간의 개인적인 정보를 제공해 주기를 기대합니다. 그렇게 되면 스몰 토크를 전개하기 위한 첫걸음이 보장된 것이나 다름없기 때문입니다. 이 대화에서는 B가 개인적인 정보를 말해 주었기 때문에 지하철의 이용 상황, 아들의 생일 등으로 이야기가 발전될 가능성이 생겼습니다. 그때 A는 빈틈없이 구체적인 정보를 물어 더욱더 대화를 끌어내기 위해 노력하고 있습니다.

☞ 정리합시다

☑ 화제를 확장했으면 대화를 더욱 Encourage 한다. 그것에는 신체적, 언어적 수단이 있다.

☑ 신체를 사용한 방법에는 '고개 끄덕이기', '눈 마주치기', '표정 변화' 등의 보디랭귀지가 있다.

☑ 말을 사용한 방법이란 '협조적 표현의 적절한 사용'과 '구체적인 정보를 묻는 것'이다.

마무리
어드바이스

자신의 매력을 보이기 위한 노력

기본적인 스몰 토크의 기술을 이해하셨으리라 믿고 이제부터 여러분의 스몰 토크가 순조롭게 발전되도록 끝으로 두 가지 조언을 해드리려고 합니다.

우선 스몰 토크를 잘하기 위해서는 자신이 흥미로운 사람이면 큰 도움이 됩니다. 진정으로 흥미로운 사람이 되려면 나름의 세월과 경험이 필요하지만, 자신을 어필하는 정도라면 그리 어렵지 않습니다. 단지 약간의 노력은 필요합니다. 다음과 같은 준비를 해보십시오.

'취미'를 영어로 설명할 수 있도록 연습하자

자기가 좋아하는 것, 자기가 잘 아는 것에 대한 대화는 즐겁기 마련입니다. 따라서 취미는 스몰 토크의 좋은 화제가 됩니다. 그러나 단지 취미가 있다는 것만으로는 듣는 사람에게 흥미를 유발시킬 수 없습니다. 자신의 취미가 무엇이며, 왜 그것이 좋은지를 영어로 설명하는 연습을 미리 해두는 게 중요합니다. 특별한 취미가 없다면 단지 관심사라도 좋습니다. 예를 들면, 음악, 미술, 외국어, 여행 등입니다. 어쨌든 보통 사람들이 재미있다고 생각할 만한 것들 중 자신이 좋아하는 화제에 대해 이야기할 수 있도록 연습하시면 됩니다.

저 같은 경우는 '언어'를 좋아합니다. 처음 만나는 사람과 스몰 토크할 때의 화제는 대부분 언어에 관한 것입니다. 그래서 몇 가지 언어에 관한 재미있는 이야기를 준비해 둡니다. 예를 들면 왜 언어가 변화하는가, 왜 많은 언어들이 사라졌는가, 세계 언어의 연관성, 영어나 다른 언어의 역사, TV가 사투리에 미치는 영향 등입니다. 또 천문학도 좋아하기 때문에 달이 우리 생활에 미치는 영향이나 공해로 인해 달이 잘 보이지 않게 된 것 등을 잘 설명할 수 있도록 준비해 두고 있습니다.

중요한 핵심은 상대방이 자신의 취미나 관심사를 흥미롭게, 열심히 들어 줄 수 있도록 하는 것입니다. 아무 준비 없이 내용이나 말투에 자신 있게 말한다는 게 원어민이라도 쉬운 일이 아니기 때문에 어느 정도의 사전 준비를 해둘 것을 강력히 추천합니다.

어드바이스 2 **스몰 토크를 위한 초간단 기술 - 이름 넣어 말하기**

두 번째 어드바이스는 스몰 토크를 나눌 때 자신의 대답에 상대방의 이름을 넣어 말하는 것인데 이것은 영어권 문화와 관련이 있습니다. 심리학자들의 연구에 따르면 서양인이 가장 듣고 싶어 하는 말은 바로 '자신의 이름'이라고 합니다. 그리고 상대방의 이름을 대화에서 서로 말하면 문화적인 장벽을 없애고 친근감이 더해진다는 것도 연구로 증명되었습니다. 따라서 서양 사람들과 대화할 때는 상대방의 이름을 넣어 말하는 것이 여러모로 효과적입니다. 아주 간단한데, 효과는 생각보다 매우 큽니다. 위치는 문장 처음이나 끝 모두 좋습니다. 예를 들면 다음과 같습니다.

- **Well, Ann, you mentioned the high cost of apartments in Europe. We have the same problem in Korea. In my neighborhood, …**

  그러니까 앤, 유럽의 아파트값이 비싸다고 하셨죠. 한국에서도 같은 문제가 있어요. 우리 동네에…

- **I see what you mean, George, and it reminds me about when I …**

  무슨 말씀인지 알겠어요, 조지, 그 말을 듣고 보니 제가 …했을 때가 떠오르네요.

- **Oh, Amy, it's very nice to meet you.**

  에이미, 만나서 정말 반가워요.

- **Thank you, David, I'm glad to meet you.**

  고마워요, 데이비드, 만나서 반가워요.

그런데 이 기술을 사용하려면 당연히 처음 만나는 사람의 이름을 놓치지 말고 기억해 두어야 하겠죠? 만약 상대방의 이름을 제대로 못 들었다면 'Could you say your name again for me?(이름을 다시 한번 말씀해 주시겠어요?)'라고 물어보고 확실하게 기억해 두도록 합시다. 그리고 상대방의 이름을 자신의 대화 속에서 반복해서 부르며, SEE를 실천하면 틀림없이 영어로 하는 스몰 토크에 성공할 수 있습니다.

'SEE'를 적용한 실제 대화의 예

그러면 이 장을 마무리하는 차원에서 소개해온 모든 스몰 토크의 기술을 사용한 대화의 예를 살펴보도록 합시다. 이렇게 스몰 토크할 수 있다면 본론을 향한 준비단계는 완벽하다고 할 수 있습니다.

한국인 김주원 씨(이하 K)가 미국으로의 사업 확장에 관한 미팅에 참가하기 위해 현지 파트너 회사의 시카고 지사에 도착했습니다. 그리고 회의실에서 그 회사의 대표자 톰 존슨(이하 J)과 처음 만났습니다.

J: **Hi, welcome to Johnson Industries!**
    I'm Tom Johnson.
    안녕하세요, 존슨 사에 오신 것을 환영합니다! 제가 톰 존슨입니다.
    → Hello보다도 친근함을 담은 Hi로 시작하여, 자기소개를 한다. 'I'm...'으로 자기소개를 하는 게 프로답다. 'My name is...'라고 하면 어린애처럼 들린다.

K: **Hi, it's nice to meet you. I'm Juwon Kim. But you can call me Juwon.**
    반갑습니다. 저는 김주원입니다. 그냥 주원으로 불러 주세요.

→ 격의 없는 인사를 받고, 'Hi'라고 인사한 뒤 자기소개를 한다. 발음하기 어려운 한국인의 이름인 경우에는 쉽게 발음할 수 있는 짧은 호칭이나 본인이 사용하는 영어 닉네임을 제안하는 것도 좋은 방법이다.

J: ## Oh, Juwon , that's easy! How was your flight?

아, 주원 씨, 아주 쉽네요! 비행기에서는 어떠셨어요?

→ 곧 간단한 호칭으로 대화를 시작한다. 구체적인 정보를 질문해 화제를 제공하고 있다.

K: ## It was good, thanks. The flight was almost full, but we arrived in Chicago on time. After checking into the hotel, I took a walk down State Street and saw some of the shops.

좋았습니다. 비행기가 거의 만석이었지만, 시카고에 정시에 도착했습니다. 호텔 체크인을 하고 나서 스테이트 스트리트를 걸어 내려갔어요, 가게를 몇 군데 봤죠.

→ 질문에 답함과 동시에 자신의 행동에 대한 정보를 제공하고 있다.

J: ## Uh-huh. State Street is a really interesting area. It has a lot of good restaurants. So, Juwon, is this your first time in Chicago?

아, 그래요. 스테이트 스트리트는 아주 재미있는 곳이죠. 좋은 음식점도 많습니다. 그런데요 주원 씨, 시카고에는 처음 오신 건가요?

→ 협력적 표현을 사용하여 스테이트 스트리트에 대해 언급하고, 화제를 전개하고 있다. 끝으로 시카고를 화제로 선택하여 상대로부터 더 대화를 끌어내려고 시도한다.

K: ## Yes, Tom, it is. I've been to California before. I was on a vacation with my family in Los Angeles. I'm looking forward to seeing some of Chicago after our meeting. What do you think I should try to see?

네, 그렇습니다, 톰. 전에 캘리포니아에는 간 적이 있어요. 로스앤젤레스에서 가족들과 휴가를 보냈거든요. 회의를 한 이후에 시카고를 좀 보고 싶네요. 제가 어디를 가봐야 할까요?

→ 상대방이 자신의 이름을 친근하게 부르고 있는 것을 되받아 상대방 이름을 부르고 있다. 자신의 가족에 대한 개인적인 정보를 제공한다. 그리고 시카고에 대한 이야기를 계속한다.

J: ## Well, you certainly should visit the Sears Tower. It's one of the tallest buildings in the world. You can get a great view of Chicago. And you might enjoy the Art Institute. Oh, and the aquarium! My eight-year old son just loves to go there and watch the sharks.

글쎄요, 시어스 타워는 확실히 가보셔야 해요. 세계에서 가장 높은 빌딩 중 하나죠. 시카고의 멋진 경치를 볼 수 있어요. 시카고 미술 학교도 재미있을 거예요. 아, 그리고 수족관이요! 8살짜리 제 아들은 수족관에 가서 상어 보는 걸 정말 좋아해요.

→ 'Well'을 사용하여 질문에 답하는 시간을 확보하고 있다. 그리고 몇 가지 화제를 제공하고, 다시 자신의 가족에 대한 개인적인 정보를 제공하고 있다.

K: **Sounds like there is a lot to see. I'm a big art fan, and I always try to see the special exhibits, so I'll try to go to the Art Institute.**

돌아볼 곳이 많은 것 같은데요. 저는 열성적인 미술 애호가이거든요. 저는 항상 특별 전시를 보려고 해요. 그래서 시카고 미술 학교에 가보려고요.

→ 일종의 협력적 표현으로 답하고 나아가 자신이 관심 있는 정보를 제공한다.

J: **Great! Well, I'm glad you came. Perhaps we should start to talk about the project.**

잘됐네요! 당신이 오셔서 기뻐요. 이제 본격적으로 프로젝트에 대해 얘기해야 할 것 같은데요.

→ 협력적 표현으로 응하고 'Well'을 사용하여 이야기가 스몰 토크에서 본론으로 옮겨갈 것을 넌지시 비추고 있다.

☞ 정리합시다

☑ 스몰 토크를 잘하려면 자신의 취미나 그 밖의 관심사에 대해 상대방이 흥미를 가질 수 있도록 설명할 수 있을 정도로 준비해 두는 게 중요하다.

☑ 대화할 때 상대방의 이름을 말하면 스몰 토크를 성공시킬 수 있다는 것은 검증된 기술이다.

✦ 한국식 영어 탈출법 7 ✦

- 파티에 가는 것을 좋아하십니까?

- 파티에서 처음 보는 사람과도 가볍게 이야기를 나눌 수 있습니까?

- 파티에서 좋은 인상을 남길 자신이 있습니까?

- 파티에 참석할 때마다 인맥이 넓어지고 있습니까?

　원어민조차 이들 질문에 모두 'Yes!'라고 대답할 수 있는 사람은 그리 많지 않습니다. 문화와 언어의 벽을 넘어 파티를 최대한 즐기거나 이용하는 것은 어려운 일입니다. 미국식 파티는 거북하다는 한국인의 말을 자주 듣습니다. 지금부터 파티 때 편하게 영어로 스몰 토크를 나누는 요령에 대해 알려드리려고 합니다.

화제성 기사, 흥미로운 기사를 알아두자

저는 학생들이나 의뢰인에게 항상 인터넷으로 최신 뉴스를 보고 스몰 토크에 대비해 두라고 권하고 있습니다. 그렇게 하면 누가 갑자기 'So, did you hear about the hurricane in New York?(있잖아요, 뉴욕 허리케인 소식 들으셨어요?)'라고 물어도 당황하지 않기 때문입니다. 그리고 각종 SNS로 클릭만 하면 영어 뉴스를 검색하거나 최신 미국 문화를 엿볼 수 있기 때문에 놓치면 손해입니다.

조회수를 보면 아시겠지만 진지한 뉴스에는 별로 관심이 쏠리지 않고 인기가 있는 것은 영화배우 이야기, 충격적이거나 기묘한 사건, 대참사, 그 밖의 나쁜 뉴스 쪽이지요. 'Dog bites man(개가 사람을 물다)'이라는 표제로는 주목받지 못하고 'Man bites dog(사람이 개를 물다)'이라면 접속수가 급상승하는 것이 뉴스의 실체입니다. 파티에서 활약하는 것도 오히려 이런 진지하지 않은 화제성 기사, 흥미로운 기사 쪽이며 이런 기사를 알고 있으면 스몰 토크에서는 단연 유리합니다.

자기소개는 스몰 토크의 시작이다

자기소개를 하고 난 뒤 어색한 침묵이 흐른 경험은 없나요? 그것은 자기소개라는 개념이 고립되어 있기 때문입니다. 한국인들의 자기소개는 다소 교과서적인 느낌이 있습니다. 영어 교재마다 '자기소개'를 다루는 부분이 있어 그 내용 그대로 발췌한 느낌이랄까요. 보통 자기소개가 끝나면 한시름 놓지만 오히려 그와 동시에 다음에 어떤 이야기를 하면 좋을 지 생각해야만 합니다. 파티 자리에서 한국인들의 전형적인 자기소개는 아래와 같습니다.

Hello, I'm Juwon Kim. It's nice to meet you.
안녕하세요, 저는 김주원입니다. 만나서 반갑습니다.

위의 자기소개에서 특별히 틀린 말은 없습니다. 단지 이 방법은 대화 를 이어가기가 어렵습니다. 자기소개 후에 어떤 화제로 이야기를 시작하 는 게 적당한지 처음부터 모색해야 하기 때문입니다. 대화로 자연스럽게 진행되는 훌륭한 자기소개란 상대방의 관심을 자극하는 자신의 경력이나 잠재적인 화제를 포함한 것입니다. 즉, 스몰 토크의 제1 공식인 Seek을 상 대방이 적용할 수 있도록 해주는 '서문'과 같은 자기소개이어야 합니다.

Hello, I'm Juwon Kim. I work for a graphic design company and enjoy watching baseball, and I like to go skiing in the winter. And you?
안녕하세요, 저는 김주원입니다. 그래픽 디자인 회사에 근무하고 야구 보는 걸 좋아합니다. 겨울에는 스 키 타는 걸 좋아하죠. 당신은요?

간결한 자기소개 속에 자신의 직업, 취미를 포함시켜 상대방에게 스몰 토크를 이어갈 기회를 제공하고 있습니다. 덕분에 상대방은 그래픽 디자 인, 야구, 스키 등에 대해 질문을 할 수 있게 됩니다.

Oh, graphic design! That sounds interesting. What does a graphic designer do?

아, 그래픽 디자인! 재미있겠는데요. 그래픽 디자이너는 어떤 일을 하죠?

So, what are your favorite baseball teams?

그렇군요. 가장 좋아하는 야구팀이 어디세요?

Wow, skiing! Where do you usually ski?

와, 스키! 스키 타러 주로 어디에 가시나요?

또한 마지막 질문 'And you?'를 보셨나요? 이 표현은 상대방의 정보를 이끌어 내는 중요한 질문입니다. 이것으로 상대방은 대답하지 않을 수 없게 됩니다. 요컨대 김주원 씨가 자기소개를 하면서 스몰 토크도 능숙하게 시작하고 있는 것입니다.

한 가지 예를 더 봅시다.

Hi, how are you? I'm Minseok Yoo. I'm from Korea, and I'm on vacation from law school, and am visiting friends here in the U.S.

안녕하세요? 저는 유민석이라고 합니다. 한국에서 왔습니다. 로스쿨에 재학 중인데 방학이라서 미국에 친구들을 만나러 왔어요.

이 예에서도 마찬가지로, 민석 씨는 자기소개를 통해 '한국', '미국 방문,' '로스쿨' 등의 잠재적인 스몰 토크의 화제를 상대방에게 제공하고 있습니다.

So, what part of Korea are you from?

그래요, 한국 어디 출신이세요?

Really? So, where have you been to so far?

정말요. 그래서 지금까지 어디에 가보셨어요?

Law school! That sounds tough. What kind of law do you want to do?

로스쿨! 어렵겠어요. 무슨 법을 전공하고 싶으세요?

자신의 직업은 알기 쉽게 설명한다

자기소개에서는 자신의 직업에 대해 말할 때가 많습니다. 그런데 자신의 직업에 대해 간결하게 잘 설명할 수 있는 사람은 극히 소수입니다. 다음 기회에는 보통 사람이 이해할 수 있는 수준에서 설명할 수 있도록 준비해 두시기를 바랍니다. 한번 준비해 두면 직업이 바뀌지 않는 한 큰 도움이 됩니다.

'보통 사람이 이해할 수 있는 수준'이라는 점이 매우 중요합니다. 그것이 무엇을 의미하는지 여러분이 제약회사에서 일하는 화학자라고 가정하고 설명하겠습니다.

상대방: **So, what do you do?** 그럼 무슨 일을 하세요?

대답1: **I synthesize organic compounds for assays in testing oncologic treatments.**

저는 암 치료제 테스트 효력검정을 위한 유기화합물을 합성하고 있습니다.

대답2: **I help to make new drugs that treat people who have cancer.**

저는 암 환자들을 치료하기 위한 신약을 만드는 일에 참여하고 있습니다.

두 개의 대답을 비교해 볼 때 느낌이 상당히 다르지 않은가요? 상대방이 동업자가 아닌 한, 대답 1은 무슨 소리인지 잘 모르시겠지요? 이런 자기소개는 상대방의 기억에 깊이 남지 않습니다. 설명 자체는 정확하겠지만 상대방이 설령 원어민이라도 보통 사람에게는 전문용어가 너무 많습니다. 보통 사람이 이해할 수 있는 수준에서 대답하려면 대답 2처럼 해야 합니다.

훌륭한 설명을 준비하기 위해서는 자신의 일이 세상에 어떻게 일조하는가를 스스로에게 질문해 보는 게 좋습니다. 글로벌한 관점에서 일을 묘사하면 상대방이 잘 이해할 수 있을 뿐만 아니라 깊은 인상을 남길 수 있습니다.

흔한 질문이기에 잘 대답하면 더욱 빛난다

파티에서 가장 일반적인 스몰 토크를 시작하기 위한 질문을 소개하겠습니다. 이 질문들은 그 자체로도 유용하지만 이런 흔한 질문에 대한 좋은 대답을 준비해 두는 게 더 중요합니다. 영어 교재에 나온 그대로 흉내 내지 않도록 주의해 주세요. 좋은 대답이야말로 스몰 토크를 매끄럽게 발전시키는 최강의 무기이기 때문입니다.

▶ How are you? 어떠세요?

대답 요령: 자신의 현재 컨디션에 영향을 미친 최근 사건에 대해 말한다.

Fine, thanks, now that I've recovered from jet lag. It's a ten hour time difference, so I feel like it's really 2:00 in the morning. Anyway, how are you?

좋아요, 고맙습니다. 이제야 시차에 적응한 것 같습니다. 10시간 정도 차이가 나거든요, 그래서 전 새벽 2시 같아요. 그건 그렇고 당신은요?

Oh, a bit sleepy. I had to stay up late last night finishing a project for my boss. I think I get more work done at home rather than at the office, because there are fewer interruptions.

아, 약간 졸려요. 지난밤에 상사에게 제출할 프로젝트를 늦게까지 마무리해야 했거든요. 사무실보다 차라리 집에서 일을 더 많이 하는 것 같아요. 방해요소가 더 적으니까요.

▶ Where are you from? 어디 출신이세요?

대답 요령: 자신이 출신지의 관광협회에 근무하고 있어 그 지역을 홍보한다고 가정하면 훌륭한 대답을 준비할 수 있다.

I'm from Busan, the second largest city in Korea.

부산 출신이요. 한국에서 두 번째로 큰 도시죠.

I'm from a suburb of Seoul, and our city is famous for...

서울 근교에서 왔어요, 우리 도시는 ~로 유명해요.

▶ What do you do? 직업이 뭐예요?

대답 요령: 보통 사람이 이해할 수 있도록 업무 내용을 이야기한다.

I'm an engineer for a software company, which means I spend a lot of time writing instructions for computers.

저는 소프트웨어 회사 기술자입니다. 대개 컴퓨터 설명서 쓰는 일을 많이 해요.

▸ How's your work going? 요즘 일은 어떠세요?

대답 요령: 업무상 최근에 일어난 일에 대해 말한다.

Pretty well, but this time of year is really busy, since we are making all our plans for next year. Everyone around me says that this year has been especially busy for them.
아주 좋아요, 근데 일 년 중 가장 바쁠 때예요. 내년 계획을 세우고 있어서요. 제 주변 사람들 모두 올해가 특히 바쁘다고들 하네요.

▸ When did you start to learn English? 영어를 언제부터 배우기 시작하셨어요?

대답 요령: 자신의 영어 이력에 특이사항을 포함시켜 말한다.

Well, I guess I was in elementary school, when most Korean children begin to study English. But I really didn't learn to speak it until I spent two weeks camping in Australia.
글쎄요, 초등학교 때부터인 것 같은데요. 한국에서는 대부분 초등학생 때 영어를 시작해요. 하지만 저는 호주에서 2주 캠프를 보내면서 회화를 진짜로 배웠어요.

어떻습니까? 부담스럽기만 했던 파티에 참석하는 게 조금은 즐거워지지 않으셨나요? 상황은 바뀌어도 스몰 토크의 기본 공식 SEE는 같습니다. 공통 화제를 찾아Seek 대답할 때 화제거리나 개인 정보를 주는 것Expand이 스몰 토크를 시작하고 계속해 나가는 것을 도와줍니다. 여기에 상대방이 기꺼이 이야기하도록 이끌어 낼 수 있는 화제를 찾으려는 태도Encourage가 가미되면 스몰 토크는 성공적으로 이어지겠지요.

01 스몰 토크에서 가장 중요한 요소는 다음 중 무엇일까요?

① 대화의 요지를 설명한다.

② 자신이 이야기를 잘 들어 주는 사람임을 어필한다.

③ 대화 상대의 회화 스타일이나 사고 방식에 익숙해진다.

④ 사교적으로 행동한다.

02 다음 문장을 들었을 때 가장 어울리는 협력적 표현은 무엇일까요?

> I just got a ticket to a Yankees game.

① Yes!   ② That's awful.

③ Uh-huh.   ④ That's great!

03 다음 문장을 들었을 때 가장 어울리는 협력적 표현은 무엇일까요?

> I'm reading a book about how animals can understand
> human speech.

① How interesting!   ② Mm-mm.

③ Yes.   ④ That's good.!

04 상대방의 이야기를 듣고 있을 때 피해야 할 보디랭귀지는 무엇일까요?

① 말이 끝날 때 천천히 고개를 끄덕인다.

② 표정을 바꾸지 않도록 한다.

③ 눈 맞춤을 한다.

④ 가끔씩 미소 짓는다.

05 스몰 토크 상대가 다음과 같이 말했다고 합시다.

> I went with my family to Korea on a vacation about three years ago, and we had a great time visiting Seoul and Jeju.

이 스몰 토크를 전개하기 위해서 적당하지 않은 것은?

① So, how often does your family go abroad for vacation?
② How exciting! What was the highlight of your trip?
③ I see. I'm studying to be an accountant.
④ Really! What did you do in Seoul?

06 스몰 토크를 시작하는 데 유용한 자기소개를 준비해 봅시다.

Hi, I'm _____. You can call me _____.

(자신의 이름이 부르기 어려운 경우에는 짧고 쉬운 호칭을 제안한다)

I'm from _____ , Korea, (출신지를 말한다)

famous for _____.

(출신지의 유명한 것에 대해 말한다. 예를 들면, 공예품, 스포츠, 유명인, 산업, 사건 등)

I'm a _____ , (직업을 말한다) which means

I _____

(자신이 하고 있는 업무나 그 목적 등을 일반인에게 설명한다고 생각하고 짧게 표현한다)

I enjoy _____. (자신의 취미를 한두 가지 말한다)

And it's very nice to meet you!(임의로 덧붙인다)

▶정답 및 해석은 권말에

반스 박사가 자주 받는 **질문 Top 7**

Q1

원어민이 회화를 중점적으로 가르치는 영어 학원에 1년간 다녔는데, 해외 출장이나 비즈니스 협상 때에도 영어 스피킹 실력은 별로 나아진 것 같지 않습니다. 왜 그럴까요?

반스 박사 | 이런 질문을 많이 들었는데요, 그럴 때마다 제가 자주 하는 말이 있습니다. "영어 회화 학원에 있는 대부분의 선생님은 의사가 아닙니다." 좀 더 구체적으로 비유해 보자면 어떤 환자가 목에 통증이 있다고 생각해 봅시다. 진짜 의사라면 그 통증을 해결하기 위해 목 이외에도 아픈 곳은 없는지 물어 보고 모든 증상을 종합해서 병을 진단하겠지요. 그리고 근본 원인을 제거해 병을 치료할 것입니다.

하지만 보통의 영어 회화 학원에서는 의사 같은 선생님은 찾아보기 힘듭니다. 겉으로 발견하기 쉬운 학생들의 오류는 바로 지적하고 고쳐줄 수 있겠지만, 애초에 근본적인 원인을 파악하고 치료하지는 못합니다. 마치 천식 환자에게 멘톨 사탕을 계속 주는 것과 비슷합니다.

성인의 경우에는 외국어로 하는 의사소통을 배울 때 의사가 환자를 치료하는 방법처럼 조직적으로 접근하고 근원적 문제를 해결해야 급속도로 영어 실력이 나아질 수 있습니다.

Q2

한국인이라는 것에 당연히 자부심을 가지고 있지만 회화를 할 때만큼은 한국인을
넘어서 세계 시민이 되고 싶습니다. 어떻게 하면 될까요?

반스 박사 | 우선 이 책에서 언급한 한국식 영어 탈출법 중 몇 가지는 꼭 실천해
보시기 바랍니다.

또 하나의 비결은 비언어인Non-Verbal Language인 몸동작Body Gesture, 즉 보디랭
귀지Body Language입니다. 영어로 하는 의사소통의 반 이상은 언어로 이뤄진 말이
아니라 보디랭귀지에 의해 이루어진다는 데이터가 있습니다.

보디랭귀지는 나라마다 독특한 특성이 있어 멀리서 봐도 어느 나라 사람인지
알 수 있을 정도입니다. 그러므로 영어로 말할 때 영어권에서 쓰는 보디랭귀지를
사용하면 자연스러운 언어를 구사한다는 인상을 줄 수 있을 뿐 아니라 의사소통
도 더 수월해질 것입니다.

예 | Yes의 뜻을 나타내는 머리 동작

> 한국인 : 고개를 끄덕인다. (보통 또는 느리게)
> 일본인 : 고개를 한 번만 빠르게 아래로 숙인다.
> 인도인 : 고개를 옆으로 젓는다.
> 덴마크인 : 고개를 한 번만 위로 젖힌다.

보디랭귀지 학습 방법은 매우 간단합니다. 처음에는 그냥 자신의 롤모델(정치
가, 변호사, 사업가 등)이 등장하는 영화나 드라마를 보고, 그다음에는 소리 없이 감
상하고, 그 후에는 몸동작을 흉내 내면서 봅니다. 그리고 다음에 영어로 말하는
상황이 생기면 이를 응용해 보면 됩니다.

영어 학습에 영화를 이용하는 방법은 오래전부터 많이 사용되어 왔습니다. 한
가지 주의할 점은 영화라고 다 좋은 영화가 아니라는 것입니다. 저속한 말이나 비
속어, 그밖에 유의해야 할 행동들이 넘쳐나기 때문에 선별해서 사용해야 합니다.

영어 말하기를 가장 중요하게 생각하시는 이유와 한국인이 영어 말하기 실력을 기르기 어려운 이유가 궁금합니다.

반스 박사 | 먼저 영어 말하기가 가장 중요한 이유는 강의실에서든 비즈니스 미팅에서든 말하기 능력이 그 사람의 종합적인 언어 능력을 가늠할 수 있는 가장 좋은 척도이기 때문입니다. 말하기를 잘하면 보통은 다른 언어 능력도 모두 뛰어납니다.

언어학 연구 결과, 성인이 종합적인 영어 능력을 기르기 위해서는 먼저 영어 말하기 실력을 개발하는 것이 효과적이라는 사실이 입증되었습니다. 영어로 잘 말하게 되면 문법, 작문, 영어 듣기 등 다른 영역도 쉬워지는 것이죠.

한국의 영어 교육은 시험 방식이 그렇듯 일반적으로 청취나 독해를 중요시해 왔습니다. 하지만 정보를 듣거나 읽는 수동적인 학습은 12세 정도의 어린이에게는 효과적인 방법일지 몰라도 어른에게는 크게 효과적이지 않습니다. 그렇기 때문에 영어를 무작정 듣는다거나 영어 신문을 읽는다고 해서 영어 말하기 실력, 즉 종합적인 영어 실력이 향상된다고 강조하는 학습법에는 과학적인 근거가 없습니다.

저는 한국에 갈 때마다 새로 나오는 영어 교재들을 꼼꼼히 살펴봅니다. 아쉽게도 영어 회화 교재들은 기술적으로만 발전하고 있는 것 같습니다. 장소를 막론하고 원어민의 발음을 접할 수 있고, 음성 인식 시스템의 발달로 인해 자신이 올바르게 말하고 있는지 쉽게 확인할 수 있게 되었습니다.

그러나 학습 방법은 어떨까요? 주된 방식은 아직 옛날과 같습니다. 설정된 상황에 사용될 만한 대화의 샘플을 주고 학습자가 그 대화의 인물이 되어 연습하는 것입니다. 현실에서는 그와 똑같이 대화가 진행되지 않을 확률이 거의 100%입니다. 그렇기 때문에 효과가 크지 않은 것은 당연하다고 할 수 있겠지요. 게다가 실제 대화라는 것은 기억 속에 있는 영문을 끄집어내어 사용하는 것이 아니라 자신의 머릿속에서 창조해 가며 말하는 것입니다. 필요한 것은 스스로 영문을 만들어 내는 데 유용한 학습 방법입니다.

Q4

영어로 말할 때, 자주 말문이 막히곤 합니다. 바로 떠오르는 중학생 수준의 단어를 사용하다 보니 문장이 너무 단순해져서 상대방에게 교양 없는 사람으로 비치지 않을지 걱정될 때가 있습니다.

반스 박사 | 회화 실력을 늘리기 위해서는 어휘 습득이 절대적으로 필요합니다. 하지만 영어 어휘는 방대하기 때문에 닥치는 대로 외우는 것은 그다지 현명한 방법이 아닙니다. 또, 어떤 단어를 눈으로 보았을 때 뜻을 아는 정도로는 별로 도움이 되지 않습니다. 바로 머리에 떠올라 말할 수 있고, 발음도 정확하게 구사해 상대방이 이해할 수 있는 어휘야말로 영어 말하기에 도움이 됩니다.

어휘력을 늘리는 가장 좋은 방법은 많이 사용하는 단어들을 우선 집중적으로 학습하는 것입니다. 이 책에서도 말했지만, 아는 동사가 늘면 영어 말하기 실력이 좋아지는 것을 금방 실감할 수 있습니다. 동사가 아니더라도 일반적으로 자주 쓰는 단어들부터 학습해 가는 게 좋겠지요. 이 자주 쓰이는 단어에 대해서는 제가 작성한 발음이 표기된 목록이 있는데 예일대 학생들에게 매우 인기가 있습니다.

특히 영어 단어 중에 의사소통에 효과적으로 쓰이는 단어들이 있는데, 실제 사업가들 사이에서 애용되고 있습니다. 쉬운 중학생 수준의 단어를 이 단어들로 바꾸는 것만으로도 의사소통도 더 원활해지고 세련된 문장이 됩니다. 저는 그 단어들을 '승자의 어휘Winner's Vocabulary'라고 부릅니다. 이 '승자의 어휘'에 대해서는 별도의 책 『영어 스피킹 기적의 영단어 100』을 참조해 주십시오.

Q5

영어 말하기 실력을 높이는 지름길이 있을까요?

반스 박사 | 저는 유학생뿐만 아니라 여러 대학과 정부 기관, 기업 등에서 성인부터 어린 학생까지 다양한 학생을 가르치고 있습니다. 그런데 항상 느끼는 것은

275

커뮤니케이션에는 완성이 없고 이 정도면 되겠다고 스스로 만족하는 것도 도움이 되지 않는다는 것입니다. 영국의 토니 블레어 전 총리는 화술이 뛰어나고 보디랭 귀지에도 능숙한데 그가 그렇게 할 수 있게 된 데에는 피나는 훈련이 있었습니다.

실력이 어떻든 간에 영어 말하기 능력을 높이는 기본적인 방법은 좋은 표현을 익혀 스스로 연습하고, 사용하고, 응용하는 3가지 단계를 거치는 것입니다. 그리고 이 능력을 키우는 일은 끝없는 여정이기 때문에 분명한 목적의식을 가져야 지치지 않고 원하는 목표에 도달할 수 있습니다.

제가 지금까지 가르쳤던 사람 중 가장 빨리 영어 말하기 실력이 늘었던 사람은 미국에서 의대에 입학하지 않고 의사 면허 시험을 준비했던 중국인이었습니다. 외국인에겐 거의 불가능한 목표를 이루기 위해 그는 엄청난 각오를 다졌습니다. 잘하고자 하는 의지가 영어 말하기 실력 향상을 위한 가장 중요한 조건 중 하나였던 것입니다. 현재 그 중국인은 뉴욕 한 병원에서 의사로 일하고 있습니다.

Q6

예일대 MBA에서 하고 계신 커뮤니케이션 강좌 중에서 학생들에게 가장 인기 있는 수업은 무엇입니까?

반스 박사 | 예일대 학생들에게 경영대학원에서 인기 있는 수업은 매년 비슷합니다. 면접, 프레젠테이션, 비즈니스 미팅, 식사 에티켓, 그리고 스몰 토크 방법입니다. 이 내용은 학생이 아니더라도 많은 사람들의 공통된 관심사라고 해도 과언이 아닐 것입니다.

많은 회사원과 사업가, 전문직 종사자, 영어 초보자들이 타인과 대화할 때의 적절한 에티켓과 사람들과 기분 좋게 식사 등을 할 때 상대방에게 좋은 인상을 줄 수 있는 스몰 토크에 초점을 두고 있습니다. 이런 대화가 개인적인 인간관계나 사회적인 성공과 깊은 관련이 있다고 보는 것이지요. 기업 또한 이런 자질을 직원들에게 필수적으로 요구하고 있습니다.

특히 경영학이나 건축학처럼 전문적인 커뮤니케이션이 다각적으로 요구되는 분야를 공부하는 학생들은 제 강의를 통해 화술이 좋아지는 것을 실감하고 강의의 효과를 현장에서 바로 체감하고 있어 더욱 인기가 좋습니다.

Q7
어학에 재능이 필요할까요?

반스 박사 | 어느 분야이건 저는 타고난 재능을 그다지 믿지 않습니다. 그것은 제 편견이 아니라 재능과 성공의 관계에 대해 10년 이상 조사한 과학자들이 '탁월한 것이 선천적인 능력의 결과라는 증거는 없다'라고 입증하고 있기 때문입니다. 오히려 세계적인 골프 선수 타이거 우즈나 유명 투자자 워런 버핏 같은 사람들에게 공통으로 발견된 요인이란 근면함이라고 말합니다.

사람을 탁월하게 해주는 근면함이란 대체 무엇일까요? 그것은 '의도적인 연습'입니다. '의도적인 연습'은 매일 단순하게 많은 골프공을 치는 근면함과는 다릅니다. 그것은 8번 아이언으로 300번을 치고, 그 80%는 핀의 6m 이내에 접근시킨다는 확실한 목표를 가지고 연습하며, 공을 친 결과를 항상 관찰하고 그것을 토대로 연습 내용을 수정하는 것입니다. 즉, '명확한 목표를 가지고, 결과에 대한 피드백을 반영하면서, 자신의 역량을 초월한 목표에 도달하기 위해 많은 횟수로 반복 행동을 하는 것'입니다.

대부분의 사람은 어떤 일을 빠르게 배우고 나면 그 후 학습 속도가 감퇴하고, 마지막에는 아무 발전도 없게 되는 패턴을 반복합니다. 그러나 일부 사람들은 항상 같은 분야에서 새로운 시도를 하고 오랜 시간을 들여 '의도적인 연습'에 힘써 성공으로 한 발짝 더 다가갑니다.

재능이 없다고 한탄할 필요는 전혀 없습니다. 영어로 의사소통을 잘하기 위해서는 '의도적인 연습'이 가장 성공하는 방법입니다.

✦ 맺음말 ✦

한국인의 '실전 영어 말하기 실력' 향상을 위한
가장 효과적인 7 가지 사고법 소개

"누구든지 원어민보다 더 영어를 잘할 수 있다."

저는 반스 박사가 영어 학습자를 위한 세미나에서 이렇게 말한 것을 지금도 또렷하게 기억하고 있습니다. '영어를 잘하는 것'에 대한 의미가 180도로 바뀌면서 완전히 새로운 세상이 열렸던 순간이기 때문입니다.

여러분 중 많은 분들이 '영어를 잘하는 것'이란 '문법, 단어, 발음을 틀리지 않고 말하는 것'이라고 생각하실 겁니다. 반스 박사를 만나기 전에는 저도 그렇게 생각했습니다. 하지만 반스 박사는 '영어를 잘하는 것'이란 '자신의 생각을 상대방에게 이해하기 쉽게, 정확하게 전달하고 소통하는 것'이라고 새롭게 해석합니다. 따라서 영어를 잘하기 위해서 우리는 영어로 '전달하는 방법'과 '소통하는 방법'을 배우기만 하면 됩니다.

사실 원어민 중에도 효과적인 의사소통 방법을 모르는 사람들이 많습니다. 그러므로 비록 영어가 모국어가 아니더라도 제대로 된 커뮤니케이션 방법만 익힌다면, 적어도 영어 회화에 있어서는 여러분이 원어민보다 우위에 설 수 있습니다. 동시에 그동안 제대로 발휘되지 못했던 영어 지식을 실제로 활용하게 되면서 의사소통 능력에 자신감이 생길 것입니다. 그러면 그동안 영어에 관해 스스로 가지고 있던 감각도 바뀌고 '틀리지 않고 말해야 한다'라는 두려움이 사라지면서, 단순히 영어의 문법·단어·발음을 통해서가 아니라 성격·교양·생각을 통해 자신을 드러내며 원어민과의 대화를 이끌 수 있게 됩니다.

이 책은 시중에 나와 있는 지금까지의 영어 학습서들과는 전혀 다른,

영어권 언어학자의 입장에서 이론적인 체계를 바탕으로 영어를 쉽게 배우고 실천할 수 있는 7가지 영어식 사고법을 밝히는 실용서입니다. 이 책에서 알려주는 한국인의 영어 말하기 약점과 그것을 극복하기 위한 구체적인 솔루션을 통해 '원어민보다도 영어를 잘하는 기쁨'을 여러분 모두가 체험하시길 바랍니다.

반스 박사의 뛰어난 영어 학습법을 한국에 소개할 수 있었던 것을 진심으로 행운이라고 생각합니다.

총괄기획 및 감역 허유진

제 **1** 강 ·· p. 48

1 01 ① 02 ① 03 ② 04 ② 05 ① 06 ②

01 호텔에 도착하면 전화주세요.   02 서류를 다 검토하시고 나면, 답변 주시길 기다리고 있겠습니다.   03 나는 크리스에게 편지를 썼는데 내가 1월 12일에 뉴욕에 가게 된다고 말했다.   04 이번주 초에 우리는 귀하께 특급우편을 보냈습니다.   05 우리는 이탈리아 음식점이나 한국 음식점에 갈 수 있어.   06 수, 이거 한번 봐줄래?

2 정답은 / 로 표시되어 있습니다. 일상적으로 많이 쓰이는 표현만 제시했으니 정답과 같이 끊은 다음, 이어지는 의미단위를 생각하며 소리 내어 말해 보면 매우 좋은 연습이 됩니다.

01 When you travel internationally, / one of the biggest challenges / is the culture barrier.
해외 여행 할 때 가장 어려운 문제 중 하나는 문화 장벽이다.

02 The culture barrier / is about different ways of behaving / and communicating.
문화 장벽은 행동과 대화 방식의 차이에 관한 것을 말한다.

03 For example, / how do you politely refuse / someone's request?
예를 들어, 당신은 어떻게 다른 사람의 요청을 정중히 거절하는가?

04 Hi, / we just checked into our room / and it seems to be very noisy.
안녕하세요? 우리가 지금 방에 들어가 보니까 좀 시끄러운 것 같은데요.

05 It would be wonderful / if you could find a way / to help us.
우리를 도와주실 방법을 찾아 주시면 감사하겠습니다.

06 I am out of the country right now / and email may be the best way / for us to share information.
지금 제가 국내에 없어서요, 우리가 정보를 공유하려면 이메일이 최선의 방법일 것 같아요.

07 It is good to hear that you are doing well, / and I'm also glad that you have been successful / in completing the design of your new website.
당신이 잘 지내고 있다는 소식을 들어서 기뻐요. 새로운 웹사이트 디자인을 완성하는 데 성공했다니 정말 다행이에요.

08 If you get any more ideas, / I'd be happy to hear about them / at our next meeting.
좀더 아이디어가 있으시다면, 다음 회의 때 그 얘기를 들을 수 있으면 좋겠군요.

09 I am wondering about / the status of the project / especially the marketing.
전 프로젝트의 진행상황이 궁금해요. 특히 마케팅에 관해서요.

10 In our view, / the economic situation will improve slowly / perhaps taking as long as five years.
우리 견해로는 경제 상황이 천천히 좋아질 것 같아요. 아마 5년은 걸리겠지만요.

11 You seem to be saying that / your main concern / is the cost of housing.
손님의 가장 큰 관심사는 집값이라고 말씀하시는 것 같군요.

12 First, / I just wanted to update you / on our plans for coming to New York.
우선, 당신께 새로운 내용을 알려드리면 저희가 뉴욕에 갈 계획이 있다는 거예요.

제 2 강 p. 86

1

01 Y   02 N   03 N   04 Y   05 N

01 존은 그 상황에 대한 최신 소식을 요청했다.   02 직원의 충원으로 사무실이 복잡해질 수 있다.   03 그 반응은 신문에 나왔다.   04 이 제품은 많은 소비자를 도왔다.
05 계획 개발은 위원회에 의해 완성되었다.

* 사고 템플릿을 사용한 문장으로 바꾸면 다음과 같습니다.

01 If we increase the staff, the office will be crowded.
직원을 충원하게 되면, 사무실이 복잡해질 거예요.

03 The newspaper responded. 신문이 반응을 보였다.

05 The committee developed a plan. 위원회는 계획을 세웠다.

2

01 The doctor analyzed the medical test results.
그 의사는 임상실험 결과를 분석했다.

02 They discussed the project and suggested changes to the proposal.
그 사람들은 프로젝트에 대해 논의하고 제안서에 대한 변경사항을 제안했다.

03 Sarah reported on sales in Europe.
새라는 유럽에서의 매출에 대해 보고했다.

04 If she refuses to come to the meeting, our plan will fail.
그녀가 회의에 오기를 거절하면, 우리 계획은 실패할 것이다.

05 The company solved the financial problems.
그 회사는 재정 문제를 해결했다.

제 3 강 .... p. 112

1

01 You brought up a couple interesting points.

02 I appreciate all your hard work on the project.

03 I had a great experience in Chicago.

04 Here's some information about our company.

05 Please visit our website and click on the "contact us" button.

06 How much is a ticket for the concert on Friday?

01 몇 가지 흥미로운 점들을 꺼내셨네요.

02 그 프로젝트를 열심히 진행해 주셔서 감사드립니다.

03 시카고에서 아주 좋은 경험을 했습니다.

04 여기 우리 회사에 대한 정보가 있습니다.

05 저희 웹사이트에 오셔서 '연락하기' 버튼을 누르세요.

06 금요일 콘서트 표는 얼마입니까?

2 01 work hard 02 four in 03 in tents
04 find out 05 sees no 06 Sue she

01 나는 매일 열심히 일한다.

02 설문조사에 따르면 호텔 10곳 중 4곳의 객실이 더럽다고 합니다.

03 야영하는 사람들은 텐트에서 잘 것이다.

04 무엇을 알아 내셨나요?

05 그는 계속해서 보고 있지만, 공원에 아무도 없습니다.

06 그녀의 가장 친한 친구는 수다. 그녀는 수와 얘기할 때 웃는다.

제 4 강 -- p. 144

1 01 great, lot 02 main, improve 03 first, background
04 approved, complete 05 bigger, all 06 delay, good

* 원어민이 볼 때 가장 자연스러운 포커스 워드를 정답으로 제시했지만 문맥에 따라 다른 것이 선택될 가능성도 있습니다.

01 연락 주셔서 기쁘네요. 우리 할 얘기가 많아요.

02 과학의 가장 중요한 목표는 우리의 삶을 향상시키는 것이다.

03 제가 처음에 드릴 말씀은 문제의 배경에 대해 알려드리는 것입니다.

04 여행 허가를 받으시려면 이 서류를 작성하셔야 합니다.

05 좀더 큰 상자를 구하면 모든 제품을 한꺼번에 보낼 수 있어요.

06 제 여행을 연기할 수는 있지만 합당한 이유를 저에게 얘기해 주셔야 합니다.

2 01 down 02 down 03 up 04 up 05 down 06 up

01 저는 한국에서 왔습니다.

02 어떻게 생각하세요?

03 그녀는 초콜릿, 피자, 아이스크림을 좋아한다.

04 괜찮으세요?

05 그 정보를 어디에서 찾을 수 있을까요?

06 다음 주에 시간 괜찮으세요?

1

01 ③   02 ②   03 ①   04 ④   05 ②   06 ③

01 자동차 광고에 대한 의견을 표현하세요.
　① 그 이유는 이렇습니다.　　　② 사실은,
　③ 저에게는 ~처럼 보이는데요　　④ 예를 들면,

02 의견을 뒷받침할 근거를 제시해 보세요.
　① 아시겠지만,　② ~때문에 말씀드리는 거예요　③ 또한　④ ~이후로

03 당신에게 일어났던 재미있는 이야기에서 다음 사건을 묘사해 보세요.
　① 그리고 나서　② 예를 들면,　③ 기묘하게　④ 결론적으로

04 회의의 결론을 표현해 보세요.
　① 이전에　② 다음에　③ 대조적으로　④ 결과적으로

05 문제의 중요성을 강조해 보세요.
　① 우선　② 분명하게도　③ X와 비교해 보면　④ 전에도 언급했듯이

06 한 문장으로 복잡한 문제를 요약해 보세요.
　① 덧붙이면　② 예상보다 일찍　③ 한마디로　④ 마지막으로

2

01 ②   02 ④   03 ③   04 ①   05 ④   06 ②

01 다른 사람의 요점이라고 생각하는 것을 다시 언급한다.
　① 내가 보기에 가장 중요한 것은…　② ~라면서요.
　③ 그게 내가 말하는 거예요.　　　④ 어, ~라고 말해도 될까요?

02 사람들이 당신의 설명을 이해하는지 확인하고 싶다.
　① 제 견해로 중요한 것은…　② 당신의 말씀을 제가 이해했는지 확실히 하고 싶습니다.
　③ 당신 말을 이해했는지 확실하지가 않아요.　④ 제 말이 이해되세요?

03 다른 사람의 말을 듣고 잘 이해하지 못했다.
　① 그런가요?　　　　　② 그거 아주 좋은 생각이군요.
　③ 잘 모르겠습니다.　　④ 당신이 뜻하는 바에 달려 있습니다.

04 다른 사람의 의견에 동의하지 않는다.

① 무슨 말씀인지 압니다만⋯   ② 알겠습니다.

③ 그게 일리가 있나요?   ④ 어, 잠깐 질문이 있습니다.

05 회의에서 뭔가 말하기 위해 다른 사람의 말을 중간에 끊어야 한다.

① 그런가요?   ② ~라면 좋은 아이디어일 수도 있겠네요.

③ 네, 그게 사실일 수도 있겠지만⋯   ④ 어, ~라고 말해도 될까요?

06 어떤 사람이 다음주 회의 때 자세한 얘기를 하자고 한 제안이 마음이 든다.

① 정말 흥미롭군요!   ② 그거 좋네요.

③ 글쎄요, 요점은 알겠습니다만⋯   ④ 우리 해봅시다.

제 6 강 -- p. 216

1

01 ③   02 ④   03 ①

01 시간이 흐르면서 언어가 달라지는 원인은 무엇입니까?

① 여러 가지 요인 때문에 언어는 변합니다. ② 예를 들면, 언어 구조 자체의 자연스러운 변화도 있고 또 이웃하는 언어들, 특히 차용된 단어들의 영향에 의한 변화도 있습니다. ④ 우리가 두 언어가 만나서 생기는 변화를 이해하는 데 진전이 있다 하더라도 ③ 정확한 변화의 이유는 알 수 없습니다.

02 귀사 공장에서 에어컨 한 대를 생산하는 데 얼마나 걸립니까?

① 글쎄요, 에어컨 생산 공정은 각 에어컨의 중앙 관을 조립하는 것에서부터 시작합니다. 그러고 나서 컴퓨터 칩을 장착하고 전기 선을 연결합니다. 이때, 전기가 제대로 작동하는지 확인하는 테스트를 실시해 봐야 합니다. ② 약 4시간이 소요됐습니다. ③ 일단 각 에어컨의 전기 테스트를 마치면 바깥에 케이스를 설치해야 합니다. 이 작업은 15분 정도 걸립니다. 그러고 나서 마지막 제품 테스트를 실시하고 에어컨을 포장합니다. ④ 그리고 제조하는 데 5시간이 지나야 완성됩니다. ⑤ 12명의 직원이 각 제조 단계에 필요하고요.

03 고등학교를 발전시킬 수 있는 무슨 방법이 없을까요?

　① 몇 가지 방법이 있는데요, 더 많은 교사를 고용한다거나, 학급 인원 수를 줄인다거나, 좀더 졸업 요건을 까다롭게 하는 것입니다. ②사실 이 모든 문제들은 관련이 있고 비용 문제에 따라 달라집니다. ③ 좀 더 엄격한 졸업요건을 만든다면 각 과목에서 학생들의 테스트를 늘리는 것과 관련 있겠죠. ④ 몇몇 학교에서 이러한 변화들을 시도했는데 좋은 결과를 얻었다고 합니다. 예를 들면…

2 (4) - (3) - (1) - (2)

(1) 큰 회사들이 잘해내고 있다고 말씀하시는 이유는 무엇입니까?

(2) 시장이 많이 상승할 거라고 말씀하셨는데요. 얼마나 상승할 거라고 예상하십니까?

(3) 이유는 무엇입니까?

(4) 경제 뉴스를 읽고 계시는 걸 봤는데요.

A: 경제 뉴스를 읽고 계시는 걸 봤는데요 올해 주식 시장에 어떤 변화가 일어날 거라고 생각하세요?

B: 아, 시장이 크게 좋아질 거라고 확신합니다.

A: 이유는 무엇입니까?

B: 글쎄요, 이율은 낮고 큰 회사들이 잘해내고 있다고 보는데요.

A: 큰 회사들이 잘해내고 있다고 말씀하시는 이유는 무엇입니까?

B: 지난 주 월스트리트 저널 신문에 난 기사를 보셨어요? 거의 90% 정도의 대기업들이 작년보다 더 많은 직원을 고용할 거라고 하던데요. 전자 회사들은 사상 최고의 이익을 예상한다고 하더라고요.

A: 시장이 많이 상승할 거라고 말씀하셨는데요. 얼마나 상승할 거라고 예상하십니까?

B: 글쎄요, 내년에 원화가 달러 대비 10% 정도 강세를 띨 거라고 전망되어. 주식시장에 도움이 될 겁니다.

1

01 ③ 02 ④ 03 ① 04 ② 05 ③ 06 하단 예문 참조

02 저 방금 양키즈팀 경기 표를 구했어요!
  ① 네! ② 안됐네요. ③ 응. ④ 잘됐네요!

03 동물이 사람의 말을 어떻게 이해할 수 있는지에 대해 다룬 책을 읽고 있어요.
  ① 재미있겠는데요! ② 음. ③ 네. ④ 좋아요.

05 저는 3년 전 쯤에 가족들과 한국에 휴가 갔었어요. 서울과 제주를 방문했는데 아주
  좋은 시간을 보냈어요.
  ① 그래서 얼마나 자주 가족들과 휴가 때 외국으로 갑니까?
  ② 신났겠네요! 여행에서 가장 즐거웠던 일은 뭐였죠?
  ③ 알겠어요. 전 회계사가 되기 위한 공부를 할 거예요.
  ④ 그래요! 서울에서 뭘 하셨어요?

06 대답의 일례는 다음과 같습니다.

Hi, I'm Jimin Park. You can call me Jimin. I'm from Jeonju, Korea, famous for
Bibimbap, rice mixed with vegetables. I'm a loan officer in a bank, which
means I approve home and personal loans for Korean consumers. I enjoy
camping in the mountains and playing video games. And it's very nice to
meet you!

안녕하세요, 박지민입니다. 그냥 지민이라고 부르시면 됩니다. 저는 한국의 전주 출
신이에요. 쌀과 채소를 섞어 만든 비빔밥으로 유명한 곳이죠. 저는 은행에서 대출계
에 있습니다. 한국 고객들에게 가계대출을 승인하는 일을 합니다. 저는 산에서 캠핑
하는 거 좋아해요, 비디오 게임도 즐기고요. 그리고 만나서 기뻐요!